My style,my life

できるだけ機嫌よく健やかに

自分らしく、ひとりで暮らすということ

JN247692

主婦の友社

服も家具も食器も、
「好き」を大切に
ものとつきあう

自分軸で暮らしを
整えると
家時間が至福のものに

自分らしく、
ひとりで暮らすということ

CONTENTS

本書の読み方

本書は、自分らしいひとり暮らしを楽しんでいる10人を取材しました。「住」「食」「働」など、テーマ別にまとめたので気になるところからお読みください。

好きなものだけに囲まれた部屋で人と比べず、シンプルに暮らしたい

ショコラさん

お気に入りのライティングビューロー。ここで書きものをしたり、メイクをしたり。時間をかけて好みの家具をそろえていきました。

NEW NORMAL	変わったこと、変わらないこと

何を選ぶにも、「自分が好きだからこれでいい」

長いひとり暮らしのなかで、「自分らしい」がどういうことかわかるようになりました。そしてその嗜好はおそらくもう一生変わらず、コロナ禍でも自分を見失わずに過ごすことができました。何をするにも、何を選ぶにも人の目は気にしません。

家族や友人との時間はほどよいバランスで

2人の息子、妹、母と過ごす時間が自分を作ってくれています。ただし1、2週間に1回くらいがちょうどいい。ひとりも好きなので、自粛中は読書などを楽しみました。友人は、今後もつきあいたいと思える数人との関係を大事にしています。

部屋は私が生きてきた歴史そのものです

インテリアはアジアンや北欧など少しずつ変化。お気に入りだけが少しずつ残り、今に落ち着いています。今の部屋はもう、テイストというより私の歴史。私にとっては思い出や好きなものに囲まれて暮らすことこそが、真の豊かさ。

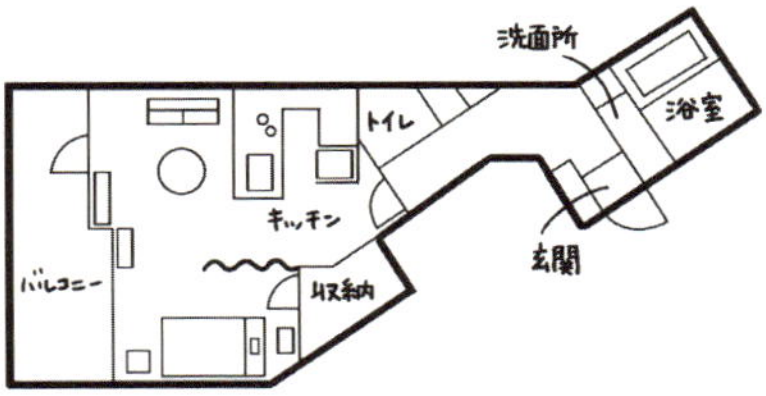

DATA

年齢：64歳	住まい：分譲マンション　1LDK（42㎡）
ひとり暮らし歴：22年	ブログ「60代一人暮らし 大切にしたいこと」
仕事：営業事務	https://lee3900777.muragon.com

住

LIVING
Chocolat

本当に気に入ったもの、好きなものだけが残りました

1

2

3

1.次男が描いたジーンズのパッチポケット。2.長男作のタバコの絵。3.次男作のCDジャケットの絵。旅先で買った思い出の品もインテリアとして飾ります。

分譲マンションを購入して17年、ローンも無事完済しました。当時は珍しかったひとり暮らしサイズの間取りと、マンション価格が底値の時期で「私でも買えるかも」と思ったのがきっかけです。息子たちが当時住んでいた家から歩ける距離にあったことも大きな理由のひとつ。貯金はほとんどありませんでしたが、購入したことで「返済しなきゃ」と覚悟を決めて頑張れたのも事実です。

部屋の雰囲気は、2年以上ほとんど変わっていません。飾りは思い出の品に絞り、なるべく掃除の手間がかからないように。掃除機は重くて吸引力が弱かったコードレスから軽い紙パック式に戻して、かけやすさを重視しています。

**日当たりのいい
窓際が定位置。
緑は欠かせません**

ソファのそばにはブログを綴る
ときに使うパソコンスタンドも。
観葉植物のユッカは友人からの
引っ越し祝い。手入れしながら
17年、元気に育っています。

1

3

2

1. 入居時からずっと使っているベッドサイドランプ。この頃はレトロなインテリアが好きでした。就寝前の読書タイムにとても役立っています。2. 無印良品の2シーターソファは2代目。気に入っていたため、同じものを購入しました。アイボリーなので部屋を圧迫せず、広く見せてくれます。3. ソファ前のローテブルは、ヤフオクで購入。以前は2人用ダイニングテーブルも置いていましたが、処分したので今は床に座り、このテーブルで食事をとっています。

ヴィンテージと
アジアンを
自分らしく融合

年代もののライティングビューローには、前の家から持ってきた籐の椅子を合わせています。軽くて掃除もラク。クッションカバーは古いスカートをリメイクして手作りしたものです。

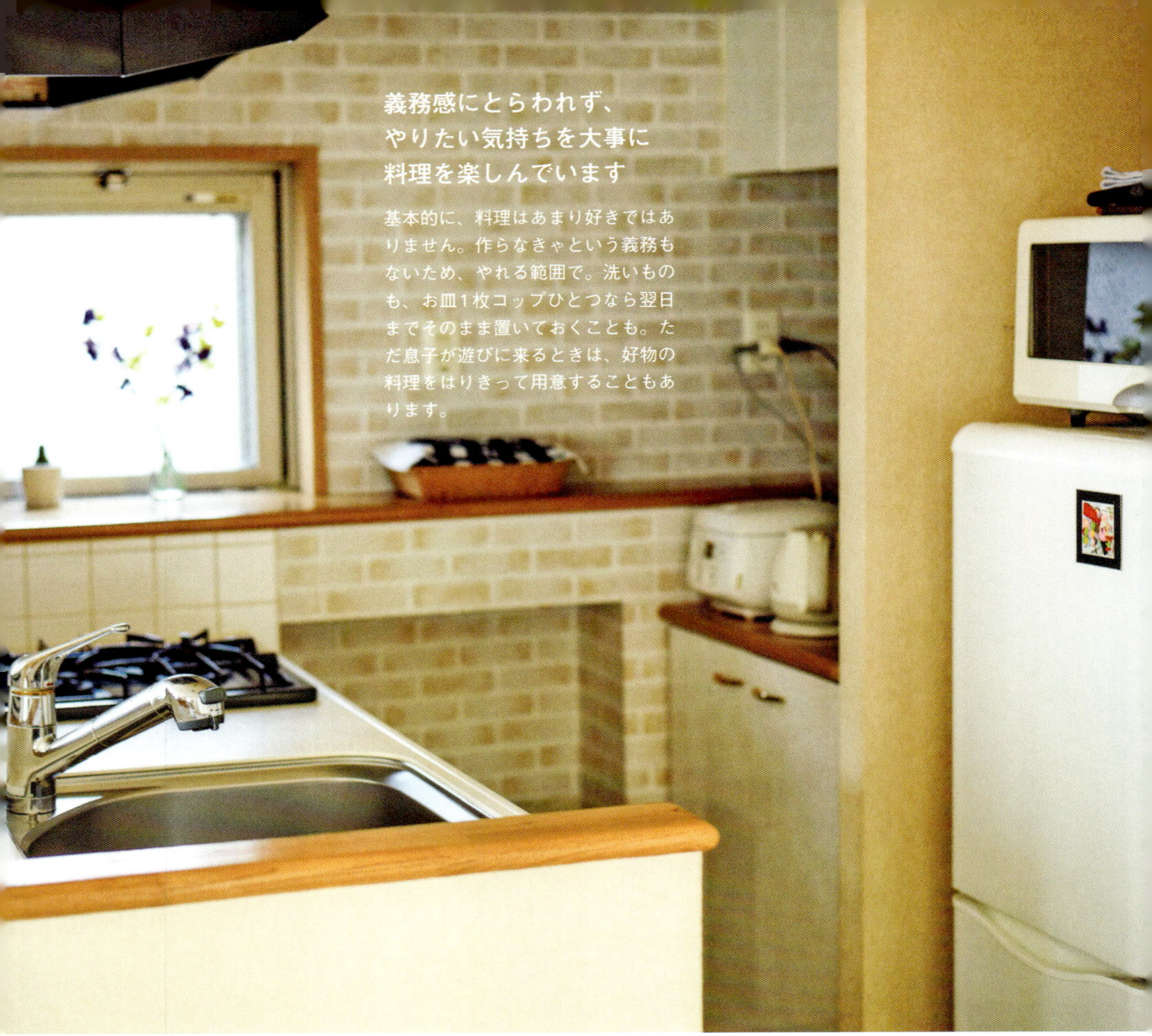

義務感にとらわれず、やりたい気持ちを大事に料理を楽しんでいます

基本的に、料理はあまり好きではありません。作らなきゃという義務もないため、やれる範囲で。洗いものも、お皿1枚コップひとつなら翌日までそのまま置いておくことも。ただ息子が遊びに来るときは、好物の料理をはりきって用意することもあります。

2

1

1. シンク下の引き出し。かがまないととれない下段には、息子用の食器や予備の器、あまり使わない鍋を入れています。よく使う鍋はガス台下の引き出しに収納。
2. 上段にはよく使うものばかりを収納。ほぼ毎日使う自分用の食器類、右側には調味料が。賞味期限切れを起こさないよう100円ショップの小サイズをあえて選択。

食

EAT
Chocolat

頑張りすぎず、質素に。おかずを作らない日もあります

栄養バランスや品数にこだわりすぎない、気ままなひとり暮らしの食卓です。疲れたなという日は、メインを総菜のハンバーグや煮魚にしてご飯だけ炊くことも。質素でも、おいしいと感じながら食べればきちんと栄養になってくれると思っています。

野菜は緑黄色野菜を中心に。ただ生野菜のサラダは体が冷える気がするので、家ではあまり食べません。発酵食品は積極的にとろうと思っていて、朝食はヨーグルトとバナナ、味噌汁や納豆も定番です。昼は前夜の残りものなどで簡単にお弁当を用意し、職場に持参。

外食は息子や友人と楽しむくらい。ただ、家で食べない揚げ物や肉料理を選んでいます。

キッチン奥の壁面は、汚れが目立ってきたため100円ショップのリメイクシートでセルフリフォーム。小窓にはいつも花や植物を飾っています。

コーヒーとスイーツが日々の癒し。勤務先から自宅に帰ってくるとまずコーヒーを淹れることで、オンとオフのスイッチが切り替えられています。

衣

CLOTHES
Chocolat

新しい服を買うのは、ひとつ手放してから。メルカリやヤフオクを使います

若い頃はたくさん持っていた服やバッグも、シンプルに暮らしているうちにどんどん減っていきました。何か買うときは、必ずひとつ以上手放してからです。

購入先は、主にヤフオクかメルカリ。きれいでまだ着られるいい服がお手頃で見つかるからです。でも使用感は人それぞれ。失敗もたくさんしました。今は未使用や試着のみなど確実にきれいな服を選んでいます。また業者の出品物には手を出しません。ものへの気持ちがこもっていない気がするからです。

出品していた時期もありましたが、いつの間にか手放すものがない状態に。それぐらい、今はお気に入りばかりです。

外出に使う山羊革バッグは軽くてお気に入り。ヤフオクで新品を落札しました。通勤用は汚れが目立たない黒のナイロンワンショルダーです。

昨冬大活躍したニット類もメルカリやヤフオクで。いい素材の服を定価で買うと高いですが、古着なら良質のものが手頃で見つかります。

チェックスカートはメルカリで購入したマックスマーラ。ヤフオクで落札したジルサンダーのスカートは、ウエストを自分でお直ししました。

ハンガー収納なら ほぼすべての服が 見渡せます

季節外のトップスや肌着、部屋着はたたんでチェストへ。バッグも吊るし収納。一番奥にあるスーツケースは、不要な服を一時保管する場所でもあります。

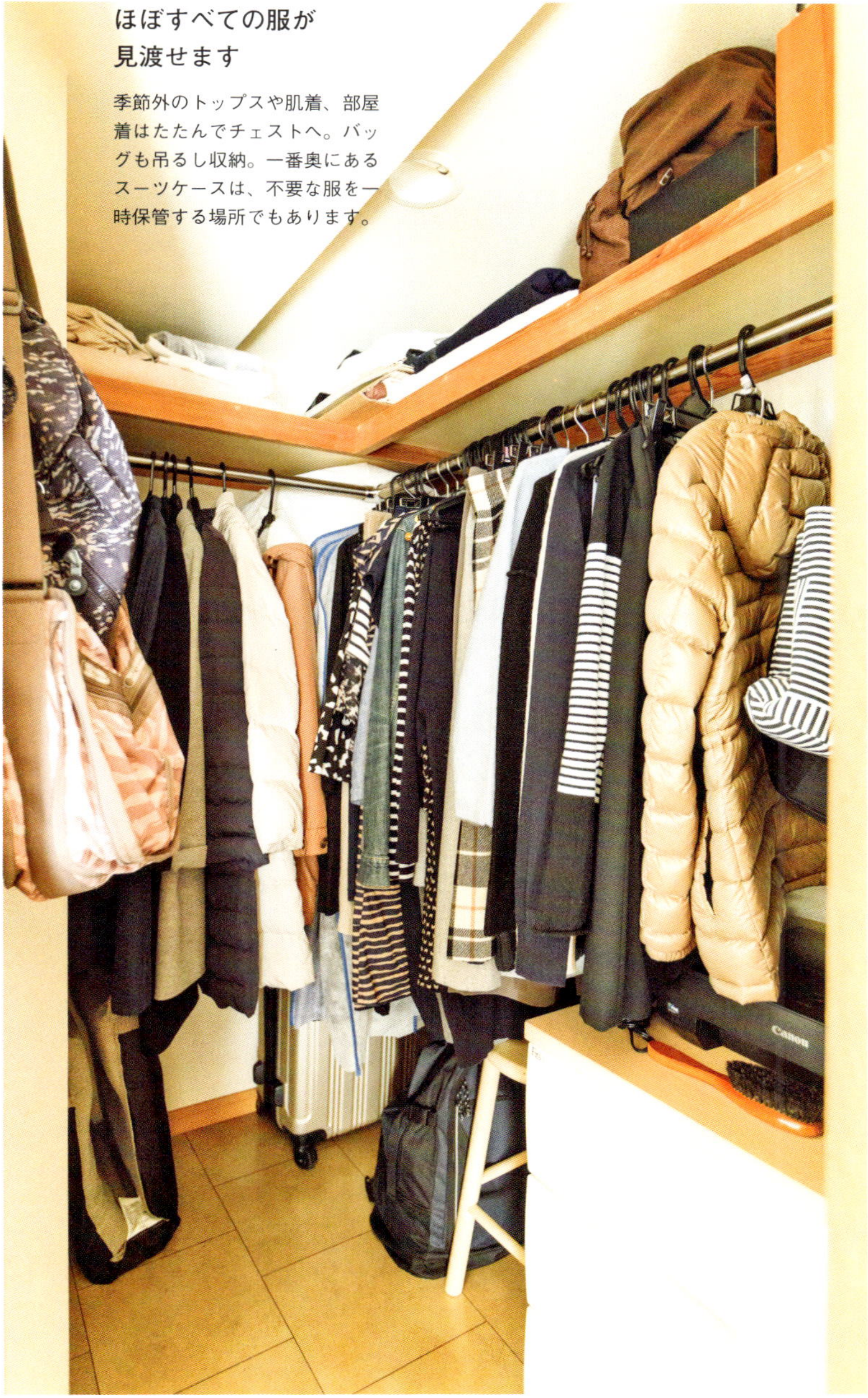

美

BEAUTY
Chocolat

ケアを続けることが大事だから リーズナブルなブランドを選択

1. 毎日使う化粧品や乳液は、ライティングビューローの棚に収納。化粧ポーチもここに。2.7年ほど愛用している箸方化粧品。クレンジングから化粧水、美容クリームなどをシリーズ使い。ダイソーで見つけたプラセンタ濃密美容液（左端）は、店頭で品切れしている間もメルカリで探して購入。

1

2

睡眠時間だけは削らないようにしています。最低でも6時間は確保。しっかり寝ているおかげか、風邪を引くこともあまりありません。

スキンケアに関しては、いろいろ気になる部分もあるけれど高価な化粧品を買い続けることは今の私には難しい。だから肌を乾燥させないことを第一に、コスパがいい化粧品ブランドを使い続けています。

ときには100円ショップのコスメを試すことも。美容やおしゃれにいつも気を配っている妹から教えてもらったダイソーの美容液は、長く使い続けています。ていねいにケアするのは夜。テレビを見ながら時間をかけて一品ずつ重ねて浸透させています。

人

HUMAN
Chocolat

息子たちとは依存しすぎない関係。母ともいい距離感です

銭湯めぐりなどで外出するときは、ナイロンの軽量バッグをお供に。リュックは自転車で移動するときにも便利。どちらもヤフオクで安く手に入れたもの。

独り立ちして別々に暮らす息子2人とは、定期的に会っています。長男は私の部屋に遊びに来て一緒に食事。次男は私から誘ってカフェや銭湯に出かけています。知らないことを息子たちから教えてもらうこともあり、いい影響を受けていますが、会うのはどちらも月に2回くらい。ほどよいペースだと思っています。

その他の休日はひとりで暮らす母の様子を見に行ったり、友人と外食したり。そう遠くない将来、母の介護をすることになるかもしれないけれど、今のところ実家に戻ることは考えていません。お互いひとり暮らしの気楽さに慣れてしまったので、ときどき顔を合わせるくらいがいいと思っています。

働

WORK
Chocolat

65歳までは働くつもり。何かあったときの蓄えも残しています

契約社員、正社員とキャリアを積みましたが、体調を崩したため57歳で退職。その後はパートとして勤めてきました。年金がもらえる65歳までは働き続けたい。ここが最後の職場のつもりで働いています。

大変なことはもちろんありましたが、働くのを苦に感じたことはありません。自分で稼ぐということはとても大事なこと。結果的に使わずにすんだとしても、お金が手元にあるということで安心できます。これは貯金がほぼなかった時期を経験したから言えることです。だから今は毎月12万円の予算できっちりやりくりし、もし働き続けられなくなったとしたらどうなるかを頭でいつも計算しながら過ごしています。

緊急事態宣言の発令中は、時短勤務で通常の半分ほどの出勤日数に。給与は減りましたが、外食も減ったため生活用品を買い替える予算が残りました。

防

EMER-
GENCY
Chocolat

最低限の備えはしますが、過度に恐れず過ごしています

1

2

1.大きめのリュックに非常持ち出し品を詰め、クローゼットに保管しています。缶詰やパックご飯、レトルト類、水はキッチンの棚に。中身は3月と9月に見直しています。2.就寝中に何かあってもすぐ逃げ出せるよう、ベッドのそばにスニーカーとタオルを準備。巾着袋に入れ、サイドテーブルに置いています。

ライフラインが止まったときのための水、保存食、ガスボンベ、卓上コンロ、簡易トイレなどは常備。

以前は日用品の買いおきはしていませんでしたが、コロナ禍で普段は買わない高価なものしか見つからなかった苦い経験から、少し多めに準備しておくように。

また、懐中電灯とろうそくだけでは心もとないのでランタンを買い足しました。あくまで非常時の備えなので、できるだけ安いものを探し、ダイソーの300円商品のものを置いています。

自然災害だけでなく、心配ごとがいろいろ増えている状況。でも過度な反応はせず、「正しく恐れる」ようにしなければと常々思っています。

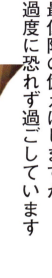

40歳で建てた小さな一軒家。「居心地がいい」とみんなに言われる自慢の家です

塚本佳子さん

NEW NORMAL ｜ 変わったこと、変わらないこと

生活そのものは
以前とほぼ変わらず

もともと家にいる時間が長いので、生活であまり変化は感じませんでした。緊急事態宣言が出た時点からしばらくは、編集者＆ライターの仕事、お店、ワークショップはお休み。その後、久しぶりに電車に乗ったときに少しだけドキドキ。

リモートは便利ですが
ちょっと苦手

編集者＆ライターの仕事はZoomやSkypeを使いつつ、再開。でも私はリモートが苦手。話すタイミングがつかめず、よく人とかぶってしまうのです。便利なのでしょうが、やはり直接会える取材が自由にできるようになってほしいと思います。

ワークショップは再開、
お茶を楽しむFikaは自粛

ワークショップも再開しましたが、当面の間は一般募集をかけず常連さんだけに。また通常は、最後にお茶とお菓子でゆっくりFikaを楽しんでいただきますが、現在は自粛中。お菓子ボックスを作ってお持ち帰りいただいています。

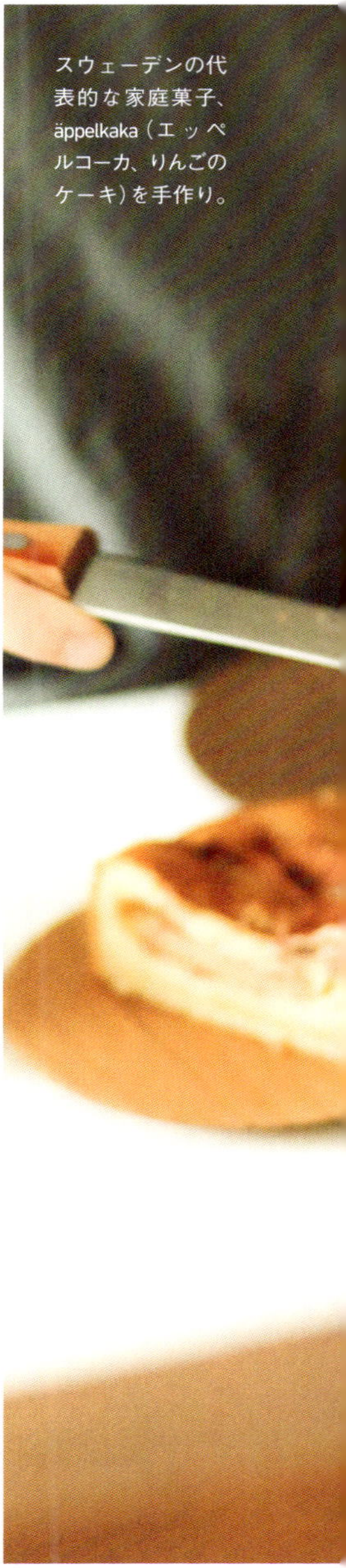

スウェーデンの代表的な家庭菓子、äppelkaka（エッペルコーカ、りんごのケーキ）を手作り。

DATA

年齢：48歳

ひとり暮らし歴：24年

仕事：ライター、ショップ経営

住まい：一軒家
1LDK＋店舗（58.58㎡）

HP 「7坪ハウスFika」
https://7tsubofika.com

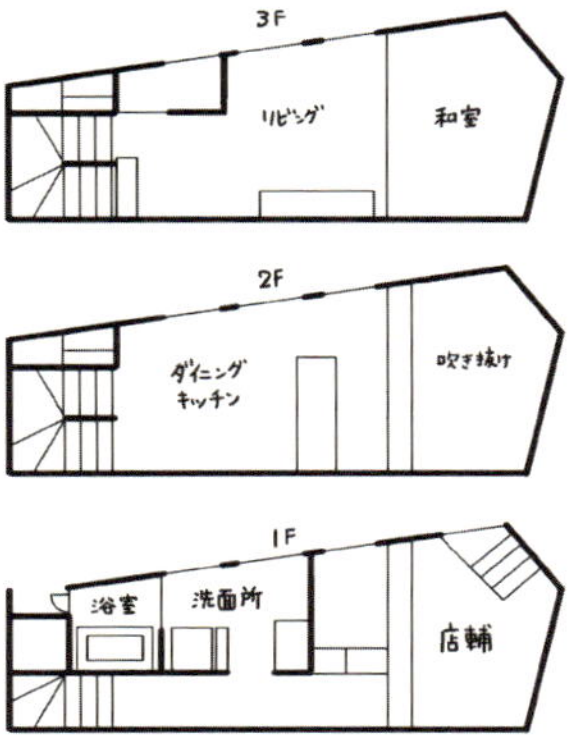

住

LIVING
Yoshiko
Tsukamoto

お茶&おしゃべりの時間が楽しくなる「7坪ハウス」

奥のオープン棚は1階から3階までひと続きになっています。1階の棚には商品、2階の棚には私物のお茶の道具などを並べています。が、猫の通り道を作るなど、並べ方は適当。素人のディスプレイなんです。

住

LIVING
Yoshiko
Tsukamoto

毎日使う食器やキッチン道具は見た目もこだわって

1

2

今住んでいる「7坪ハウス」はひとり暮らしを始めて6軒目の住まい。「40歳で家を建て、45歳でショップ店主になる」という人生設計があったのですが、両方とも40歳で実現しました。

設計期間はもちろん建築中もあれこれ変更をお願いするなど、「7坪ハウス」には私のわがまま（こだわり？）がたくさん詰まっています。大満足の仕上がりになったのは、建築家や大工さんなど、家づくりに関わってくれたすべての人たちのおかげ。

10坪という狭い土地に建てた小さな家ですが、たとえば地面を掘って1階の床を低くしたり、天井を吹き抜けにしたり。狭い空間を少しでも広く感じさせられる工夫が随所にあって、とても居心地のいい住まいな

こぢんまりしていて、使いやすいキッチンです。1.お気に入りのキャサリンホルム(ノルウェー)、ロータスシリーズのコーヒーポット。2.もともと持っていたラックを壁のあちこちに取りつけて、調味料などを置いています。飾っているだけで料理上手に見える鉄製のフライパン。3.建築途中で「ここに食器を収納する棚を作ってほしい」とリクエスト。棚上にあるのはレシピ本、まん中のもみの木バスケットにはお茶類、左のワイヤーバスケットにはお菓子作りの型を収納しています。

3

のです。

うれしいのは住んでいる私だけでなく、「7坪ハウス」に遊びに来たり、見に来たりした人たちみんなが「居心地がいい」と言ってくれること。

会社員生活をやめ、自分の好きなスタイルで仕事をしていること。頑張ろうと思ってなかなかうまくできなかった〝ていねいな暮らし〟(たとえば、毎日出汁をとる、など)をやめたこと。そして大好きな北欧雑貨を扱うショップを開いたことで、今の暮らしでのストレスはほぼゼロと言っていいかもしれません。

家のローンを抱えているので、経済的な不安はあります。でも根が楽観的なんでしょう。「まあ、なんとかなるさ」とのんきに構えています。

狭い床を
侵食しない
吊り下げ収納

かごバッグが大好きで、あちこちで収納グッズとしても使っています。いろいろなお店で買いますが、おすすめは吉祥寺のmenui。とにかく狭い家なので、できるだけ床にものを置かず、吊り下げて収納しています。

3

4

1

2

1. フックに下げたかごの中にはワークショップの資料など。2. 裏玄関ドアの横に小さな白樺の入れものをぶら下げ、宅配便用の印鑑を置いています。3. お菓子を作る道具やティッシュボックスなどはS字フックで吊り下げて。4.1階と2階の間の裏玄関の横（写真2とドアを挟んだ逆側の面）。外出時に使うストールやサングラス、花粉用メガネ、冬は手袋などをハンガーにかけて。

抜け感のある3階はくつろぎスペース

寝室兼くつろぎスペース。小上がりのような和室は床の下が収納スペースになっていて、中には布団やオフシーズンの衣類、仕事の資料などが入っています。左の座布団が敷いてある椅子は、ボーエ・モーエンセン（デザイナー）の「スパニッシュチェア」（デンマーク）、それ以外はデンマークのヴィンテージ家具。クッションカバーはBORAS（スウェーデン）の「マラガ」というデザイン。写真奥に見えるお店のカーテン（ローマンシェード）や2階のカーテン（ローマンシェード）にも使用しています。

働

WORK
Yoshiko
Tsukamoto

フリーランスの編集者&ライター、週末はショップの店主です

1. 進行中の仕事の資料はかごに入れて、すぐにとり出せる場所に。
2. 白いボックスと引き出しは無印良品。ボックスには請求書など。真ん中の木の引き出しは100円ショップで、中身は文房具など。もみの木トレーはスウェーデンで購入したもので、レターセットを。

1

2

家づくりに関わってくれた方々があまりに楽しそうに仕事をしている姿を見て衝撃を受け、20年勤めた編集プロダクションをやめました。現在はフリーランスで書籍などの編集&ライターという仕事がメインで、ショップ「Fika」を開けるのは週末だけです。

フリーになると、ある程度自分で仕事を選ぶこともできます。そこで「こんなジャンルの仕事も」と新たな挑戦もしましたが、「できること」と「できないこと」があるんだなと気づきました。でも「できない自分を責めたり、否定したりする」のではなく、「できる自分を認めよう」と思っています。この年齢になり、やっとそんなふうに自分自身と向き合えるようになってきました。

2階のDKが
平日の
仕事スペース

編集作業やライティングなど、デスクワークは基本的に2階の大きなテーブルの上で。ワークショップもここで行います。

1階は
北欧雑貨の店
「Fika」

床を掘り、天井は吹き抜けにして縦の空間を広げたので、4畳半でもゆったりと感じられます。扱っているのは北欧の古い雑貨＆新しい雑貨、古い道具、日本の作家さんの作品など。

店

SHOP
Yoshiko
Tsukamoto

北欧のアンティークなど大好きなものを集めて

10年ぐらい前に北欧の食器に出会い、集め始めました。そして集めたものを眺めているうちに、「売ってみよう」とショップをオープン。それまではインテリアや雑貨などの購入にかなりお金を使っていましたが、ショップを始めてから、個人的な物欲はほぼ消えました。買いつけで満たされてしまうのでしょうね。

本当は北欧まで行って直接品物を仕入れたいのですが旅費や滞在費もまあまあかかるし、フリーで仕事をしていると長期間留守にするのが難しくて。今は現地にいる方に頼み、品物を買ってもらっています。

2年ぐらい前からワークショップをスタート。ワークショップでは私の大好きなスウェーデンのお茶文化Fikaについても紹介しています。

2

1

1.ワークショップに初めて参加する方にお渡ししているオリジナルブック。スウェーデンのお茶を楽しむ文化「Fika」についての小冊子つき。参加するたびに増えていく、ワークショップのレシピをファイルできます。2.以前開いた、市川望未さんの酵素シロップ作りのワークショップの様子。

ワークショップの参加者や友人など、遊びに来てくれた人に手作りのお菓子&北欧のお気に入りの器でもてなすのが、最近のこだわり。北欧の中でもとくにスウェーデンには、お茶と甘いお菓子を食べながらおしゃべりを楽しむFika文化があって、それが好きなんです。

コミュニケーションは嫌いじゃないけど、どちらかというと苦手。だから何かの集まりなどにわざわざ出かけることはめったにありません。でも自分のテリトリーにお客さまをお招きするのはウェルカム!

メディアで何度か紹介されたこともあり、狭小住宅に興味を持って店に来てくれる人もいます。そんな方々とのおしゃべりも楽しい時間になっています。

人

HUMAN
Yoshiko Tsukamoto

手作りのお菓子でおもてなし。器もセッティングも、北欧スタイル

1

2

1.一般的にいわれるような"ていねいな暮らし"はやめたけれど、お菓子を手作りしたり、淹れたてのコーヒーを出したり、コーヒーや紅茶に添えるミルクはミルクポットに入れたり。好きなことは自然にていねいに。2.中央はチーズのクッキーとコーヒークルミボール。両サイドはりんごのケーキ。

猫

CAT
Yoshiko Tsukamoto

べったりではないけれど、なくてはならない存在

1. サガフォルム（スウェーデン）のオードブルセット。器が1つ割れたので猫のごはん＆お水入れに。2. 猫の冬用ベッド（冬しか使ってくれない）の中に入れた猫のおもちゃ。

一緒に暮らしているサビ猫のぐー（Gris）は譲渡会で出会った保護猫です。私のイメージしていた「かわいい猫」とは違っていたのですが、猫好きの友人が「賢くて、飼い主に従順だから」と強く勧めるのでこのコにしました。今ではかわいい相棒です。

初めはケージを買う、危険＆いたずら防止用の網を張る、猫用のドアをつけるなど、猫を迎える準備を整えたのですが、それが私にとっては体重が減るほどのストレスに。今から思えば、家の中を侵食されるのがイヤだったんでしょうね。

でも準備したものは猫が気に入らず、どれも早々に撤去。すると私のストレスも消えました。今では猫なしの生活は考えられません。

家具やものを増やさずゆったりと暮らす。日差したっぷりの部屋で過ごすのが今、一番の贅沢

t_cheeeee さん

リビングの大きな窓からはきれいな夕日や富士山、花火などが楽しめます。

NEW NORMAL ｜ 変わったこと、変わらないこと

在宅不可の職種なので、仕事は普段どおり

勤務先では在宅ワークが増えましたが、私の担当している仕事は在宅不可。自粛期間中もいつもどおりに出勤し、いつもどおりに仕事をしていました。ただ仕事の量がかなり減ったので、年休をとって休むこともありました。

外出の機会が減った分、貯金が増えた

毎日電車通勤していたので、より体調管理には気をつけるように。買い物、会食などプライベートでの外出は減り、その分貯金ができました。現在、住宅ローンの繰り上げ返済をするか、繰り上げせず貯金しておくほうがいいか考え中です。

2人の子どもと友人たちが心の支えに

札幌に離れて暮らす2人の子どもたちは常に私の心の支え。コロナ禍の大変な環境の中、頑張っている子どもたちに、恥ずかしくない生活をするよう心がけています。まめに連絡をくれる友人たちも、ありがたい存在です。

DATA

年齢：49歳

ひとり暮らし歴：7年

仕事：アパレル関係

住まい：分譲マンション
2LDK（65.7㎡）

インスタグラム　@t_cheeeee

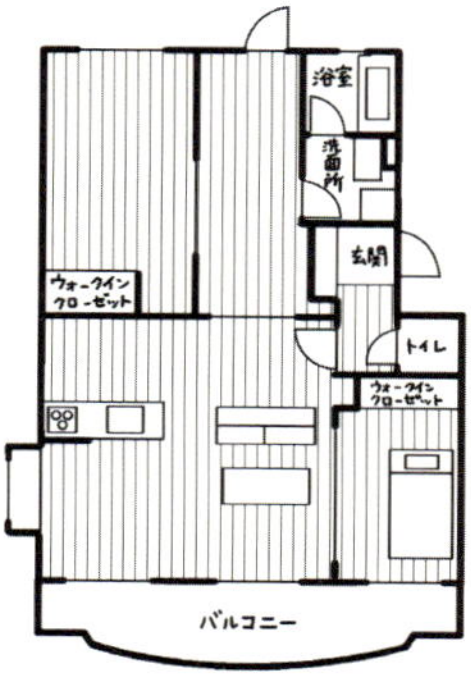

住

LIVING
t_cheeeee

自然に笑顔があふれてくる希望どおりの住まい

離婚をしてしばらく実家に住み、その後1K、1DKの部屋でひとり暮らしをして、この住まいを購入。親友に勧められたのがきっかけですが、最初は分譲マンションなんて無理だと思いました。でも「場所や築年数にこだわらなければ買えるかも」と考え、探して1軒目に出会ったのがここ。フルリノベーション済みで日当たりがよく、間取りも希望どおり、通勤にも便利。共用部分も清潔に管理されていたので、他の物件は見ずに決めました。

日々「笑って過ごす」のが私のモットーなのですが、住まいが快適すぎて笑顔の時間が増えたかも。大きな窓から入るたっぷりの日差しが本当に気持ちいいんですよ。家にいるのがもったいないようないい天気の日に、この部屋でのんびり過ごすのが私にとって最高に贅沢な時間です。

大きな窓から日差しがたっぷり。このLDKが一番のお気に入り

古い団地ですがフルリノベーション済みなので、室内はとてもきれい。キッチンのグリーンはもとから。ユーティリティにもグリーン部分があったのですが、自分で白く塗りました。対面式のキッチンや床の雰囲気もお気に入り。

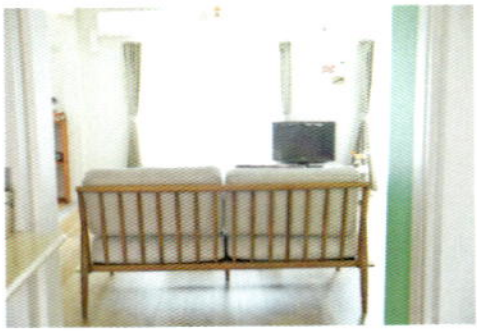

後ろ姿がお気に入り

MOMO naturalで買った、後ろ姿がかわいいソファ。生地は100種類ぐらいあったので、何度かお店に通って選びました。

住

LIVING
t_cheeeee

リビングの隣にある寝室。ベッド下が掃除しやすいように、脚つきを購入。この部屋に住むときに買い足した家具はこのベッドと上の写真のソファだけ。

インテリアにとくにこだわりはありませんが、シンプルな感じが好き。以前ミシンを置いていたテーブルをダイニングテーブルとして使っています。

広くて使いやすいキッチン。食器棚は使いません

収納スペースを増やすと、ものが増えてしまうので食器棚は使いません。キッチン用品や食器などはすべて作りつけの収納スペースへ。冷蔵庫の横にあるのはゴミ箱。前の住まいで靴箱として使っていたものです。

2

3

1

ファミリータイプの部屋でキッチンも広々。持っているものの数が少ないので、作りつけの収納だけでOK。毎日のキッチンリセットですっきりを保っています。冷蔵庫はちょっと小さめ、野菜室がないため100円ショップのかごも使っています。1.鍋やフライパン、それぞれのふた、洗剤、油や調味料など。2.普段使う食器やグラス、カップなど。3.ボウルやざる、包丁などの調理器具の他、お皿を立てて収納しています。

玄関や棚などにお気に入りの小物をディスプレイ

かわいい雑貨や小物、カプセルトイグッズなどを飾ったコーナーはお気に入りの場所。収納グッズはいろいろな使い方ができるものが好きで、どれも以前から愛用しているものです。

3

1

4

2

1.玄関。置いてあるのはブライス人形、クリスマスの時期にniko and...で購入した白いツリー、ディフューザーなど。人形を置いている白いボックスは3COINSで購入、自分で内側に布を貼りました。小さくてわからないかもしれませんが、カプセルトイのチコちゃんもいます。2.高校生の頃に買ったチェストなので、よく見るとあちこちにキズが。文具やアクセサリーを入れています。3.上段のバスケットには常備薬や綿棒など。下段はポケットティッシュやウェットティッシュ、マスクなど。4.カプセルトイで集めたお気に入りのアイテムの一部をきれいに並べて。

浴室は窓から入る光が気持ちいいんです。朝風呂に入ったり、休日は早めに帰宅して明るいうちにお風呂を楽しんだり。これもひとり暮らしならではの贅沢！

床にものを置くとそこに汚れがたまるので、バスグッズは壁についていたラックにフックをかけて、吊るしています。

洗面所＆浴室は清潔感のある白で統一

ニトリの掃除機を使っていましたが、壊れてしまったので交換。マキタのコードレス掃除機は、軽くて使いやすいですね。自立しない無印良品のモップとコードレス掃除機は洗濯機の横に立てかけて。

衣

CLOTHES
t_cheeeee

気に入ったものを見つけても すぐに買わない

お気に入りの生地を買い、自分で作った服です。文化服装学院で学び、以前はオーダーメイドで服を作る仕事をしていました。今は仕事が忙しいのでミシンの出番は裾上げをするときぐらい。

前は安いと思うと試着もせずに服を買うこともありました。だからお店ではすごくよく見えたのに、家で着てみたら「信じられないぐらい似合わない！」という失敗も多かったんです。失敗が多い分、服の数も多かったのですが、離婚を機に整理してかなり数を減らしました。

年をとると似合う服が変わるし、減ってきますよね。今はどんなに安いものでも、必ず試着して買います。

最近は近くにあるショッピング施設やアウトレットで買うことが多いですが、「欲しい」と思ってもすぐ買わないのがマイルール。広い店内をぐるっと一周歩き、それでもまだ欲しかったら試着。試着して似合うと思ったら、同じデザインの色違いを買うこともあります。

見映えより、とり出しやすさ、片づけやすさを重視

床に置いたプラスチックケースには衣類など。棚上のケースには季節外のバッグや帽子とストールや手袋、たまにしか使わないポーチ、保冷バッグなど。ストライプの布バスケットは3COINSのセールで1個150円！

美

BEAUTY
t_cheeeee

スキンケアは質にこだわり、メイクはプチプラ

洗面所の鏡裏にあるキャビネットの中。クローゼット同様、扉を閉めると見えなくなるところは使い勝手と掃除のしやすさをポイントに収納。めんどくさがりなので、日々のケアを怠らないようスキンケア用品は目立つところに。

実は私、30代までメイク落としって使ったことがなくて、普通の洗顔料でバシャバシャ洗うだけ。肌が丈夫なのか、それでとくにトラブルもなかったんですよね。でも美容関係の仕事をしている友人にその話をしたら叱られて、スキンケアをきちんとするようになりました。

今はクレンジング、洗顔、化粧水、美白美容液、乳液、夜はクリームにアイクリームとフルにケアしています。スキンケアと日焼け止めは友人のアドバイスを受けて、ちょっと高いけれど質のいいアイテムを使っています。スキンケアをきちんとするようになったおかげで肌の調子もよく、ここ3〜4年ノーファンデーション。アイシャドウなどのポイントメイクは、ほとんどプチプラです。

趣

HOBBY
t_cheeeee

スポーツや映画を見るのが好き。ギターも始めたい

ボクサーはとにかく強い井上尚弥選手、野球では大谷選手が好き。本や雑誌もだいぶ処分したけれど、2人が載っている雑誌は宝物。いつでも手にとれるリビングに置いてあります。

趣味はスポーツ観戦、読書、映画鑑賞。スポーツはとくにボクシングや野球を見るのが好きです。ボクシングは高校生のときボクシング部のマネージャーをしていたから。野球はもともと好きだったのですが、札幌に住んでいた頃、大谷翔平選手が日本ハムファイターズに入って大ファンに。札幌を離れてからも年間30試合くらい球場で観戦していました。今はコロナ禍でなかなか行けませんが、全12球団の球場を制覇するのが夢。現在8球場まで達成中です。

見るだけじゃなくて、運動もしたいですね。今、興味があるのはボクササイズやヨガ。ギターも覚えたいなと思っています。

学生時代、バンドでキーボードを担当。最近ギターも弾けるようになりたいと思うように。服作りで使っていたトルソーに普段使いのバッグを斜めがけ。

ミシン、倉庫の管理など、これまでの仕事の経験すべてが生きて、現在の勤務先で派遣社員から正社員になることができました。事務職での入社ではないので、46歳で苦手な運転系の資格も取りました。「取らなくてもいいのでは？」という人もいましたが、負けず嫌いなのでチャレンジしました。それに常々「人との関わりを大切にしたい」と考えていたため、若い社員にまざって研修を受けるのもいい経験。チャレンジする姿勢を認めてくれる会社なので、頑張りがいがあります。職場ではもっともっとスキルアップしたいと考えています。

定年後はフリーランスで洋服を作る仕事を再開できたらいいなと思っています。

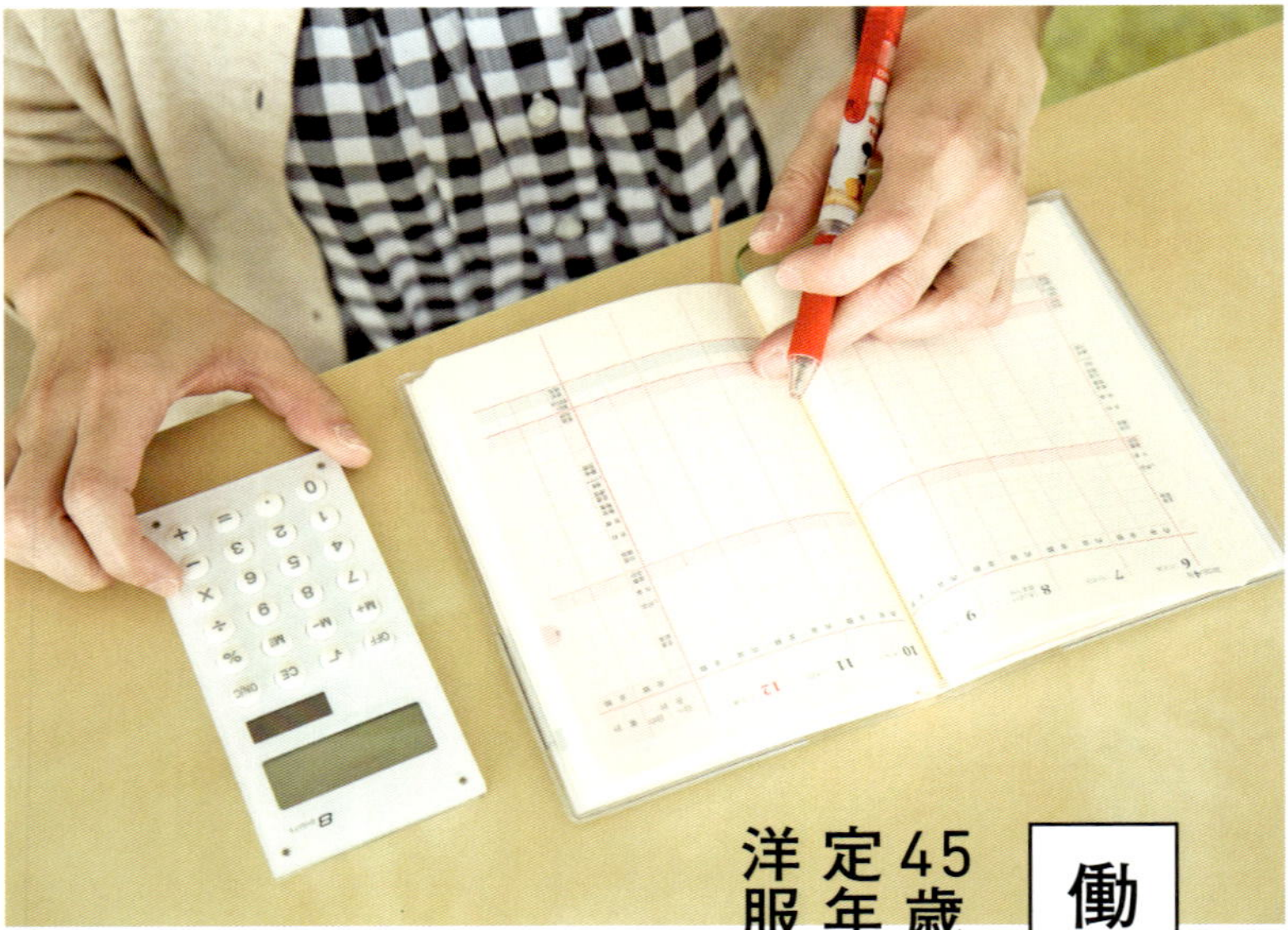

家計簿は1円単位までキッチリ合わないと気がすみません。まず毎日の出費をノートにつけて、月ごとにエクセル入力して管理しています。

働

WORK
t_cheeeee

45歳で正社員に。定年後は大好きな洋服を作る仕事を

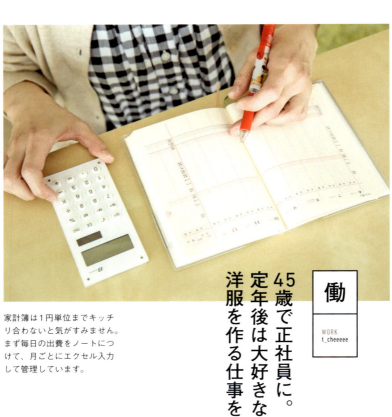

防

EMER-
GENCY
t_cheeeee

少しずつ、必要な防災グッズを買い足しています

1. 最近買い足した電池式のスマホ充電器とラジオ。乾電池と説明書と一緒に、家にあった100円ショップのポーチに入れています。2. 中にものが入り、水に浮かぶ折りたたみ式のランタンはイオンで購入。シリコンの表面にホコリがつくので、普段は折りたたんで布バッグに入れ、枕元に下げています。

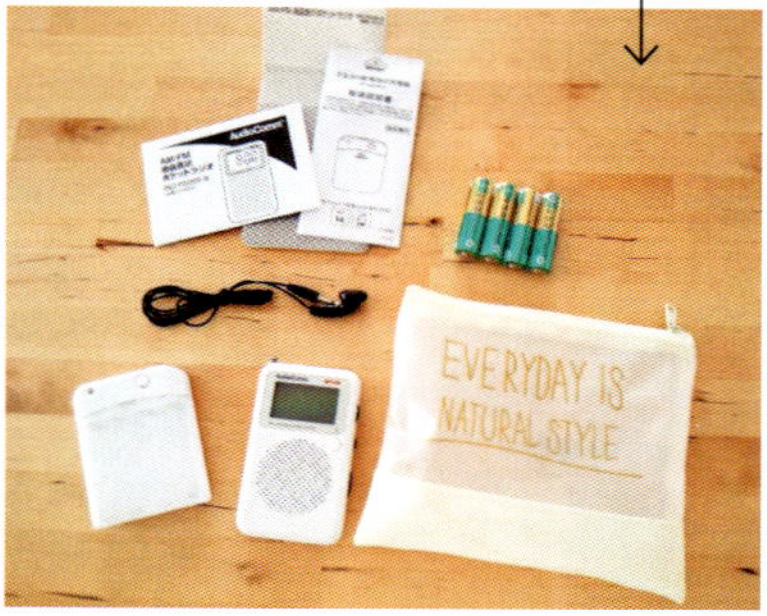

1

2

いざというときの備えは準備中。防災用品として今あるのは、住んでいる団地で毎年支給される非常食（ご飯とペットボトルの水2本）、ランタン、寝袋。インスタグラムのフォロワーさんに教えてもらい、水は冷凍庫で保存。凍らせておけば停電時に、保冷剤がわりに使えるそうです。

自粛期間中、何度か地震を経験したので、前から欲しいと思っていた電池式のスマホ充電器とラジオを、最近購入しました。でもまだまだ足りないものだらけですね。

体が丈夫なので、病気になったときのための準備は全然していませんでした。通帳や保険証書など大事なものを保管している場所は、両親に伝えておかなければと思っています。

5匹の猫と楽しく心地よく過ごせるインテリアを目標に。猫がよろこぶ暮らしを日々研究中です

ヤノミサエさん

子どもの頃から慣れ親しんでいる猫がいる生活。家事をしているとき、息抜きの時間、仕事中も猫たちの愛らしい姿に癒されています。

NEW NORMAL | 変わったこと、変わらないこと

外出自粛中も猫たちとの生活に変わりはありません

猫たちに囲まれながらの暮らしは基本的に以前と変わらず。とにかく自分が感染しない、うつさないということを意識した自粛期間。通勤がない分、気分的にはラクだったように思います。備蓄だけはローリングストックを意識するように。

自由が利かない生活の不便さと自宅が仕事場の便利さを痛感

思い立ってすぐに買い物に行けない、美容院を我慢せざるをえない……。不便さを味わっていかに自由度の高い暮らしをしていたのかを思い知らされました。逆に、自宅でも仕事ができる自分の働き方スタイルは本当に助かりました。

できた時間を利用して動画を本格的にスタート

生徒さんと直接対面するレッスンが一切なくなりました。2カ月間まるっと自主休業。かわりに動画レッスンを始めることに。ありがたいことにとても需要があり、今後の自分の働き方について、大きく意識が変わるきっかけになりました。

DATA

年齢：45歳

ひとり暮らし歴：24年

仕事：フォトスタイリスト

住まい：分譲マンション 1LDK（56㎡）

HP「ねこインテリアBOOK～猫との暮らしのアイデア帖」 https://nekointerior.com

インスタグラム @misaeyano

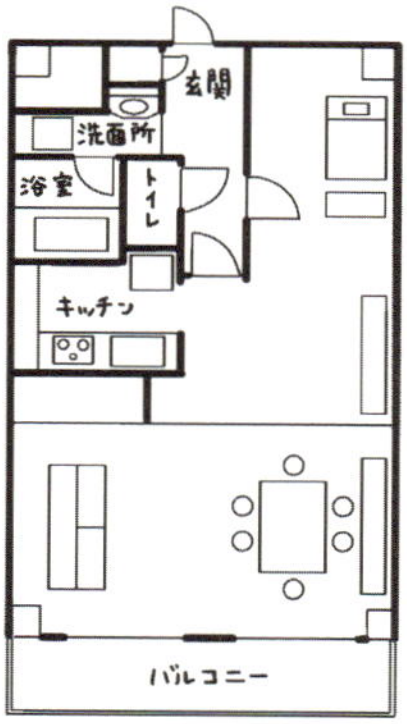

猫が自由に
のびのびと過ごせる
気持ちのいいリビング

日当たりがいいリビングは猫たちの格好の遊び場。なので、最低限の家具だけを置いて広いスペースを確保。グリーンは猫が食べても問題ないといわれるエバーフレッシュ以外はなるべくフェイクを使っています。

猫

CAT
MISAE
YANO

猫との暮らしも好きなインテリアもあきらめたくない

この物件は、ペットOKの中古マンション。「私はこれからひとりで暮らしていくのかも」と感じた会社員時代の最後に35年ローンで購入しました。ペットOK・駅近・都会に近いにもかかわらず築年数が古いため安かったんです。入居して10年がたち水回りや床など修理が必要な箇所も目立ってきましたが、今の住まいが終の棲家になるのかなと

思っています。

私はものが少なくてシンプルな部屋が好き。でも猫と暮らすとファンシーな猫グッズや掃除アイテムなどで生活感ありありの雑多な部屋になりがちなのが悩みでした。猫も人もお互いが心地よく暮らせるインテリアにしたい。そんな思いから試行錯誤の末たどりついた「猫もよろこぶすっきりとした部屋づくり」が、私の暮らしのポイントです。

1.猫のおもちゃ、ケアグッズは無印良品のポリプロピレンケース引出式・横ワイド、デスク内整理トレーにまとめて。
2.猫トイレはニトリのカラーボックスN-CLiCKを使ってシステム収納。

住

LIVING
MISAE
YANO

7〜8割隠して2〜3割見せる収納にこだわったインテリア

「そこそこしまって、そこそこ飾る」。猫たちにいたずらされないよう、また猫毛やホコリを防ぐ目的もあって、ものを隠すすっきり収納を心がけています。猫にとっても危なくないし、掃除もラクといいことづくし。

でも、あまりにものがないのは寂しい。なので、床にはなるべく置かず壁面を中心に好きなモノトーンでデコレーションしています。

飾る前提で壁に余白を残して家具を配置。段々と傾斜になる構図にするとバランスよくまとまります。壁を飾る文化自体、海外に比べてなじみがないかもしれませんが石膏ボード壁でも飾れる家具を活用したり、ポストカードやマスキングテープを使ったり工夫次第で楽しめますよ。

ひとりで組み立て・解体できて手頃。優秀カラーボックスを3WAY収納棚に

テレビボード、収納飾り棚、キャットステップがひとつになった収納はDIY。アイリスオーヤマのカラーボックスを5つ使って1万円ぐらいでした。カラーボックスは横置きすると昭和感が抜けておしゃれに見えます。

1

1. 自然光が入って家の中でも一番明るいリビング。フォトスタイリングの仕事でもスタジオとして使用しています。インテリアは白とグレーの色調で統一してやわらかい雰囲気に。2. 古道具屋で購入した引き戸の建具。ガラスを抜きペンキを塗ってリメイク。3. ダイニングは寝室との仕切り壁をリフォームで取り壊して見通しよく。押し入れしかなかった収納は、組み立て家具を楽天で購入して後づけしました。

2

3

衣

CLOTHES
MISAE
YANO

流行に振り回されず好きな服をたくさん着る

本音は化粧水だけですませたいぐらいのシンプルスキンケア派。「疲れて見えなければいい」ぐらいの簡単お手入れです。無印良品やちふれ、ニベアの青缶を愛用。

ワンピースやえりぐりの開いた服など、昔から好きな服はあまり変わっていないですね。持っている服は写真のとおりすごく少ないですが、どれもすごく着る服ばかりの少数精鋭。自宅で仕事をするようになって通勤がなくなり、さらにたくさんの服は必要なくなりました。

服は1シーズンに2着ぐらいを決まったブランドで購入するサイクル。とくに好きなミズイロインドの定番服はレッスンのときによく着ていて私の制服になっています。

ワードローブはハンガー収納。そもそもシワになりやすい素材の服は買わないようにもしています。駅近の住まいなので冬場のお出かけに厚手のコートがなくても大丈夫。おかげでラックもミニマムに収まります。

働

WORK
MISAE
YANO

フォトスタイリストとして自分発信したい女性をサポート中

5匹の猫たちと暮らしながら、自宅でフォトスタイリストの仕事をしています。フォトスタイリングとはひと言で言えば「かわいくておしゃれに見える写真のコツ」のこと。以前はアパレルデザイナーやWEBショップバイヤーをしていました。商品撮影をすることも多い中、フォトスタイリングを学んだことがきっかけでまずはインストラクターに。やがて勤めていた会社をやめ、起業することになりました。

現在は、WEBメディアを中心に人の暮らし・猫との暮らしについて情報を発信しながら、起業や自分発信をしたい女性たちをフォトスタイリストとしてサポートしています。

好きなことを仕事にできているので、長く続けたいと思っています。

1

2

1. IKEAのふた付き収納ボックス、ティエナ。レッスン時、生徒さんのカバンはこちらに入れてもらいます。猫毛対策としてはもちろん、猫のいたずら防止にもお役立ち。使わないときは折りたたんでコンパクトにしまっておけるので便利。2. 3. 玄関の飾りスペースと壁のインテリア。自宅でのレッスンなので、生徒さんが玄関をあがるときから気分を高めてもらえるよう「おしゃれポイント」をあちこちに。満足感・特別感を味わってもらえたらうれしい。

3

1

2

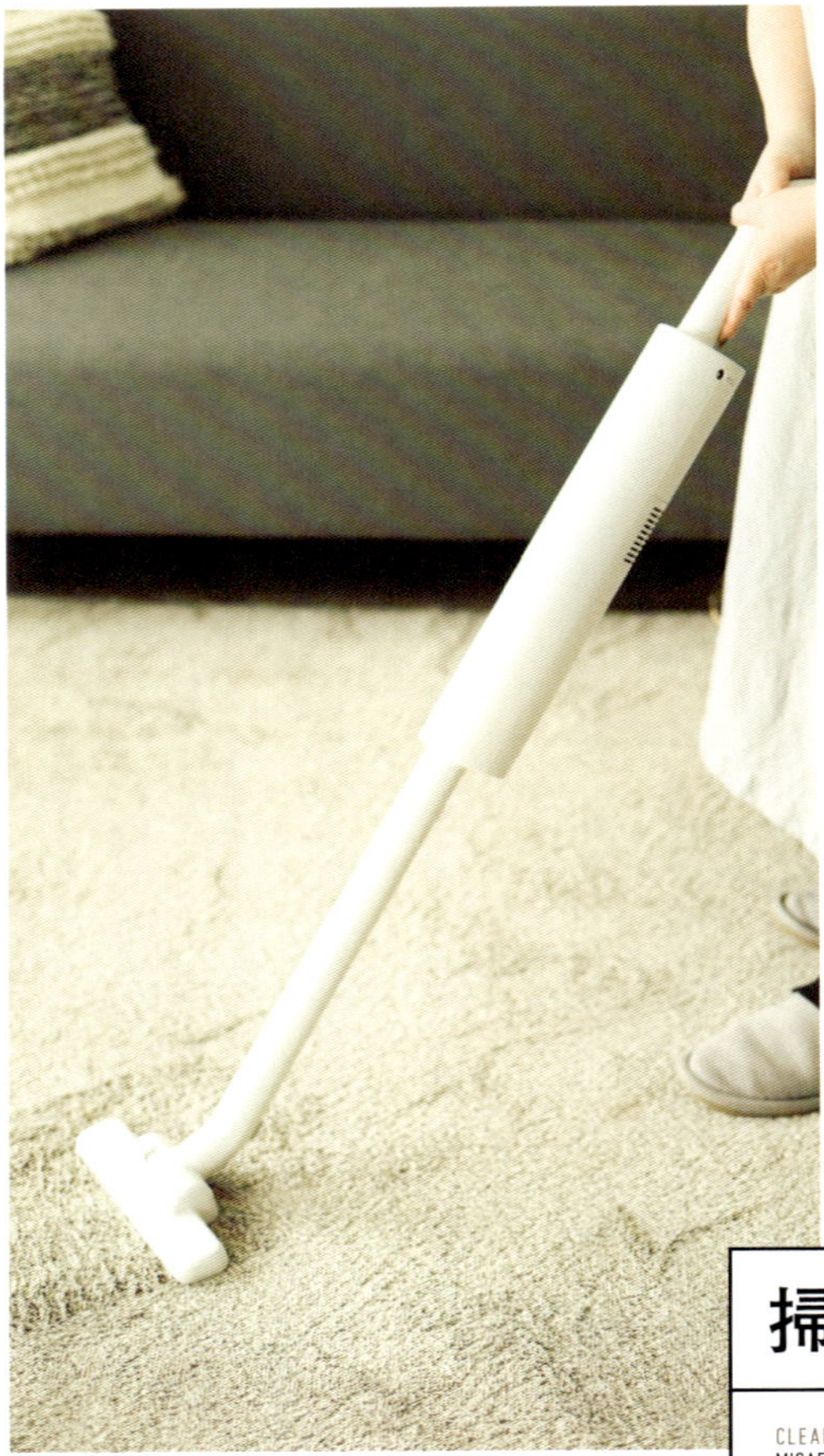

掃

CLEAN
MISAE
YANO

1. ぱくぱくローラーは猫毛がすごくよくとれる神アイテム。エチケットブラシ部分がカーペットの猫毛をごっそりキャッチ。1回の掃除で10枚近く消費していた粘着ローラーに比べて断然経済的でゴミ捨ても簡単。2. 無印良品のコードレス掃除機を全体にかけたあと、気になる部分を中心にコロコロ。

ちょこちょこ掃除で汚れをためない。猫の抜け毛対策が第一

掃除が好きなわけではないんです。猫たちがいて生徒さんも来てくれるから、掃除するきっかけがあるだけ。だから、猫もお客さまも「掃除の神様」。毎日すべての部屋を掃除するのはちょっと大変なので、時短・ちょこちょこ・手間なくをモットーに猫の抜け毛とトイレを重点的にケアしています。

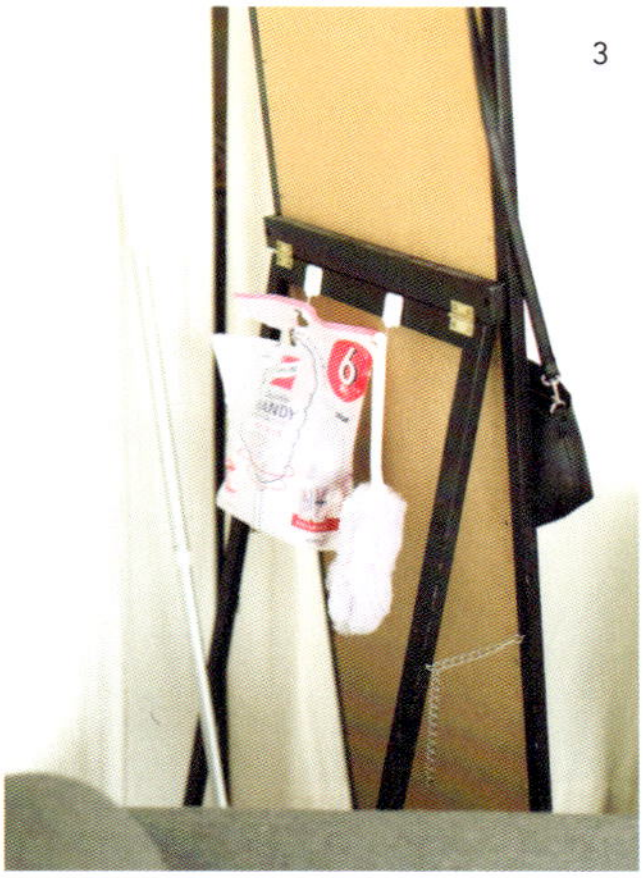

1. 収納棚と柱の間のデッドスペースがクイックルワイパーの横幅にシンデレラフィット。こちらは偶然の発見。猫トイレにも近くて何かと便利な置き場所です。2. 3. リビング隅の姿見。背面には粘着フックをとりつけてクイックルワイパーハンディと取り換え用ストックも同時に格納しています。飛び散る猫毛対策には、クイックルハンディのちょこちょこ使いが大活躍。来客時はとくに気になるので、手元に出しっぱなしにしておくことも。

愛用の掃除グッズは すぐ手にとれる場所に。 おっくうにならない大原則

クイックルワイパーはよく使うダイニングとリビングに1本ずつ。気になったタイミングでささっと完了させるのが掃除を面倒に感じないためのルーティン。とはいえ、生活感は出したくないのでどちらも収納棚の隙間や姿見の背面など人目につきにくい死角スペースにこっそり待機させています。

食

EAT
MISAE
YANO

インディアンキッチンラックが主役。脱・普通をめざした男前な台所

1. 猫がさわっても危なくないように、ものはなるべく出さずすっきりと整えています。2. ツェツェ・アソシエのインディアンキッチンラックが我が家の台所の顔。3. 食品の備蓄は持ち運びしやすいようにトートバッグに収納。食べ慣れているインスタントスープやレトルトご飯を入れています。インスタント食品はよく買い物をする無印良品でついで買い。買い忘れることなくローリングストックができます。

2

3

1

知人にもらった壁かけのインディアンキッチンラックをメインにコーディネート。これがあるだけで普通の台所っぽさがなくなるのでお気に入り。粗野な見た目が映えるように白壁を黒に張り替えました。イメージは男っぽい厨房です。

料理はあまり得意ではないので、工程の少ないシンプルな食事がほとんど。健康のため、糖質は控えめに粗食を心がけています。最近ハマっているのが、フライパンで2〜3品を8分ぐらいで同時調理する蒸し料理。ガスコンロに上ってくる猫たちのためにも長時間火を使った料理をしたくない私にぴったりなんです。

スーパーが近く、買いだめはしていなかったのですが自粛期間で備蓄も意識するようになりました。

COLUMN

1 愛用のキッチン道具

調理をラクにしてくれる、見た目で気分を上げてくれる、
手放せないキッチン道具たち。

色も形もかわいい赤いやかん

ずっと使っていた電気ケトルが古くなったので、「せっかくだから、かわいいものを」と選んだやかん。イオンのセール品です。

t_cheeeee さん

ジョセフジョセフの折りたたみまな板

食材を切ったあと折り曲げてお鍋に移せばこぼれず便利。212キッチンストアの計量スプーンは3種の軽量がこれ1つでできます。

sakko さん

ずっと憧れていたストウブの鍋

見た目でずっと欲しいな思っていましたが、ご飯がおいしく炊ける、余熱調理ができる、カセットコンロで災害時も使えるなど実用的。

coyuki さん

ストレーナーつきのティーポット

割れにくいプラスチック製で来客時も気軽に使えます。楽天で購入。取っ手にのっているのはカプセルトイの景品のミィです。

まおさん

柳宗理のボウルセットは20年選手

長年使ってもまったく傷まず、使い勝手のよさも変わりません。以前の住まいから持ってきた、数少ない宝物のひとつです。

麻里さん

深型フライパンとミルクパンで充分

日々の食事作りなら14cmミルクパンと20cmフライパンがあればすみます。軽くて扱いやすく、リーズナブルなニトリのもの。

ショコラさん

築100年余。大正ロマン漂う路地裏のリノベーション京町家で猫と暮らす

京子さん

和室のちゃぶ台と寝室のアンティーク風の机でリモートワーク。気分が落ち着く畳敷きは仕事もはかどります。

NEW NORMAL	変わったこと、変わらないこと

テレワークは続行中。しばらくはこの働き方を続けたい

在宅勤務、快適です。通勤がない分、有効に時間を使えるし合間に家事をこなすことも。猫と一緒に家で過ごすことが好きなので、不便といえばプリンターがないことぐらい。今のところ支障はないので、できるだけ継続を希望しています。

電池・カイロ・頭痛薬。代替のきかないストックを買い足し

「他で代用ができないもの」を基準に改めて追加。トイレットペーパーは家にあるポケットティッシュでなんとかなるかなとか。猫用品も替えがききませんが、切らさないようにもともと多めに備蓄していたので困ることはありませんでした。

久しぶりにアニメやドラマをまとめて鑑賞できました

登場人物の顔と名前を一致させるのが苦手なので、映像はキャラクターがはっきりしている作品のほうが好き。自粛期間中は「鬼滅の刃」「バナナフィッシュ」「約束のネバーランド」を一気見。海外ドラマ「スーツ」もコンプリートできました。

DATA

年齢：40代前半

ひとり暮らし歴：約20年

仕事：会社員

住まい：町家
2LDK（59,66㎡）

ブログ 「路地裏の生活者」
https://www.inthe-alley.net

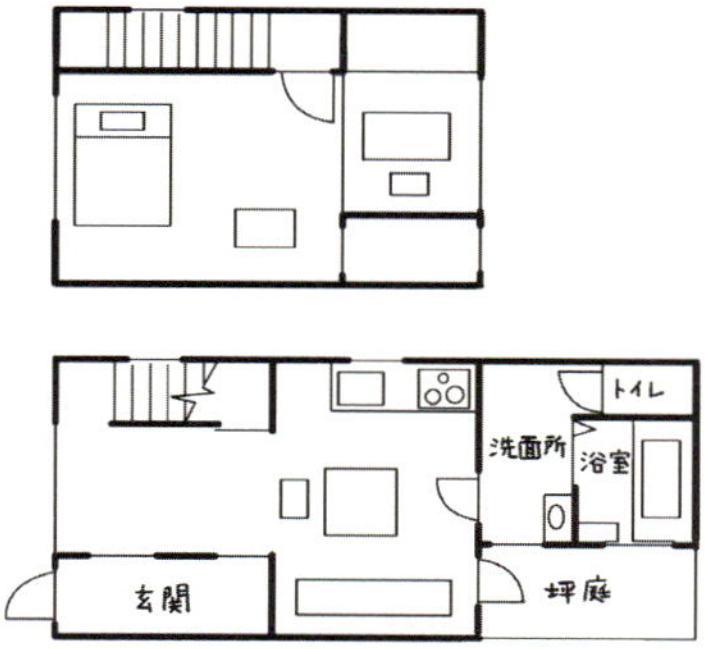

住

LIVING
Kyoko

吹き抜けの高窓から入るやわらかい自然光。坪庭のシンボルツリーが季節の移ろいを届けてくれます

「ここに住んでよかった」としみじみ思える朝のリビング。日当たりの悪くなりがちな立地ですが、高窓のおかげで午前中はふんわりとした日が入って朝から穏やかに過ごせます。

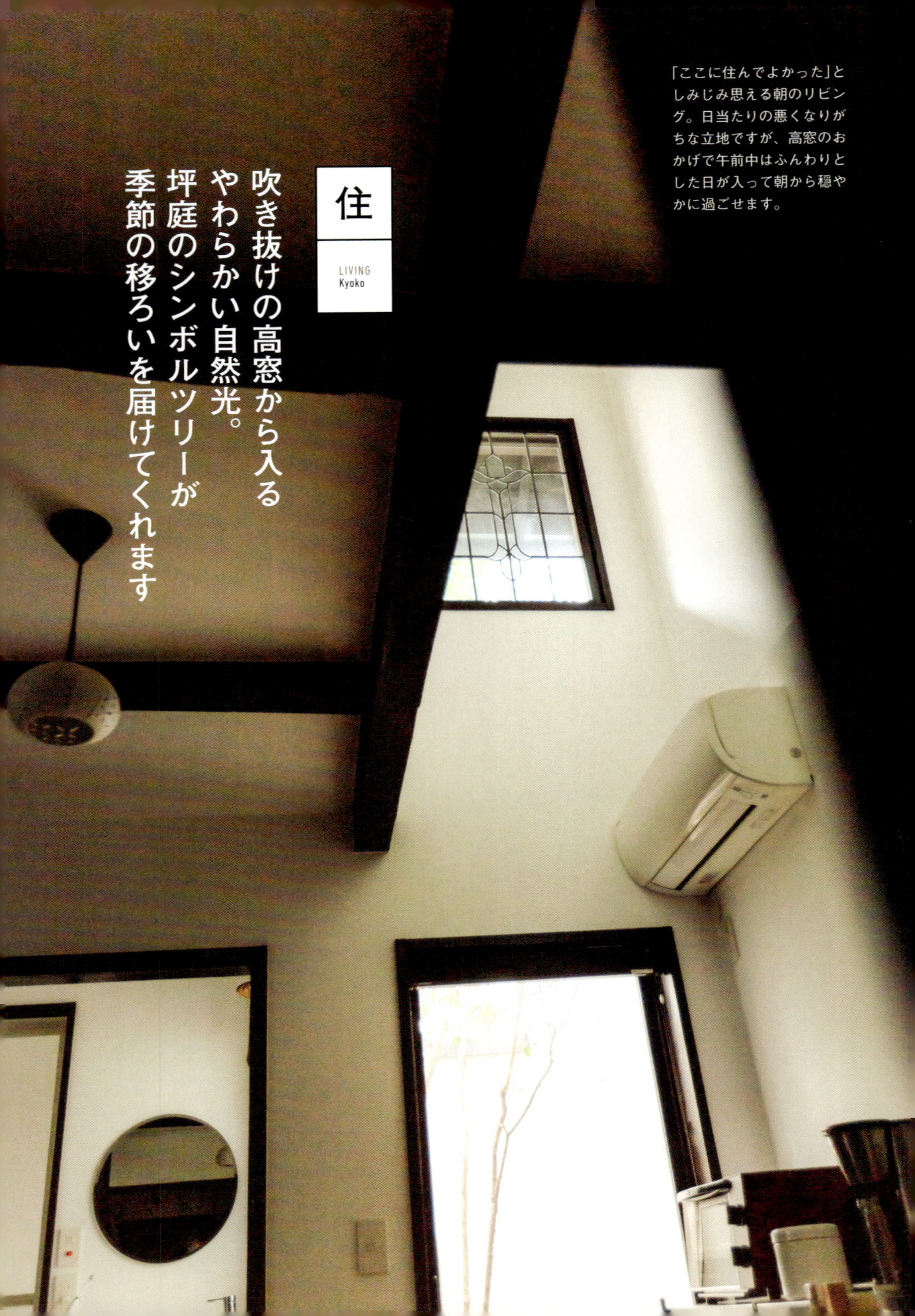

路地裏のリノベーション済み京町家を2017年に購入し、猫と暮らしています。家の決め手は理想のエリア、ローンが予算内、家の雰囲気が好みだったことでした。

現代の規格で建設されている住宅と比べて、1階でいうと最高約210㎝とかなり天井の低い我が家。ですが、このこもる感じも路地裏にひっそりと建っているところも「なんだか秘密基地っぽい」と、むしろワクワクします。

家の南東方向、最も日当たりのいい位置にシンボルツリーのシマトネリコが植えられている坪庭があります。この坪庭を囲む形で、ダイニングの掃き出し窓と洗面所の窓があるため採光は充分。明るさと風通しも確保され快適です。

1

3

2

1. 1階部分は約35㎡、うちLDKは10畳程度。ダイニングセットとソファを置くと、動線がさえぎられて使いにくいのでソファダイニングを設置。ソファとオットマン、ダイニングテーブルはすべて楽天で購入。2. 無印良品のオープンラックには日用品やお弁当箱、食品ストックなどを。見せない収納で生活感を払拭。3. ラグは楽天で約1万円。「この柄がしっくりくる」と買い替えを検討したときも結局同じデザインに。

住

LIVING
Kyoko

2

1

1.京町家の玄関土間。明かりもテイストを合わせて和紙の提灯にしようかと迷いましたが、センサーライトが反応しやすそうなワイヤーフレームに。街灯がない路地なので防犯優先で。2.鍵とハンコ、それになぜか捨てられない自転車のハブステップを玄関脇の壁トレイに浮かせて保管。

京町家らしい
格子窓から漏れる
幻想的な光

べんがら格子の外観のおかげで、町家専用の住宅ローンを組めることに。「見た目が典型的な京町家であること」が条件でした。この雰囲気を大切に暮らしたいので生活感が出そうなものはなるべく置かず、仕事スペースも2階にしました。

洗面所の窓から猫が外の世界をうかがうことも。隣接するお風呂からも坪庭が見えるんです。猫トイレが脱衣所に置いてあることもあって、猫が用を足したあとや洗面所を使ったあとなど、1日に何度も掃除機をかけてとくに清潔を保っているスペース。

気持ちのいい朝が迎えられる坪庭に臨む洗面所

アンティークっぽい円鏡は気に入っている内装のひとつ。鏡裏収納がない分、洗面グッズはなるべくミニマムを心がけて必要なものだけ、使うものだけを選んで並べています。広くはないものの坪庭に面していることもあって、圧迫感はありません。

2階は広さ約25㎡。窓近くの天井高は家の中でも最も低い約180㎝です。こぢんまりとした寝室も、勾配天井のおかげで広々と心地いい空間に。天井の梁もアクセントになっています。

我が家には作りつけ収納が少ないので、引き出しが2段ついた大容量のチェストベッドを購入しました。

長年、収納の少ない部屋に暮らしてきたこともあり、ものを増やすことには慎重なほう。ひとつ買ったらひとつ捨てるという方針で、持っているもの自体が増えないように気をつけています。

このベッドで猫と毎晩一緒に就寝。天井裏がないので夏は正直暑いのが悩みといったところでしょうか。

チェストベッドにはシーツや冬物の布団、布団カバーやオフシーズンの衣類などを収納。ベッドと同じ茶色のチャイルドロックを見つけ、猫のいたずら防止に後づけしました。

寝室がメインの2階。
天井裏のない
勾配天井が開放的

持ちすぎない、詰め込みすぎない。ものを増やさない工夫

長年のひとり暮らしから、今の私に必要なものはひと通りそろっていると思います。ものを増やせない狭い部屋というのも、自然とものが整理できる仕組みといえるのかも。

1. 猫の版画はユアサケイコさんの「HUMAN RACE」という作品。2. 好き嫌いが分かれそうなステンドグラスとも言えます。自分で選べたならここまではっきりとした配色は選ばなかったと思いますが全体のバランスとしてアリかと。ステンドグラスが壁に作る影もロマンチックで好きですね。

2

1

室内窓がポイント。和洋折衷な内装にひと目ぼれ

お気に入りのステンドグラスは天窓の向かいにあり採光にも適しています。我が家の建具はすべてリノベーション会社の職人さんの造作物で、古いガラスが多く使われているんです。私は和風なものも古いガラスも好きなので、この組み合わせがツボですね。

ステンドグラス越しに坪庭のシンボルツリーが見えます。空間に広がりが出る室内窓はぜひおすすめしたい仕様。狭小住宅であれば、なおさら有効です。

寝室の隣にある
お気に入りの
小さな和室

東向きの窓が明るい和室。在宅勤務になってからは、ちゃぶ台をお仕事デスクに使用中。引き戸は常に開けっ放しにして、猫の出入りを自由にしています。お向かいの目線をさえぎるブラインドは3分の1だけ開けておき猫が外の世界を観察できるように。

1. 我が家の収納は階段下収納と、2階の和室にある押し入れだけ。1間分で天袋もありません。収納の少ない家ですがひとり暮らしなのでこと足りています。衣類と季節はずれの家電などを収納。着丈の長い服がかけられるよう棚板を一部取りはずす工事をしてもらいました。2. レトロなガラス戸には奥行きが出て部屋が広く見える効果も。

2

1

猫

CAT
Kyoko

キジトラ12歳との楽しい毎日。WEB会議への映りこみはご愛敬

1.爪とぎにうってつけな家の柱。保護シートで前もって対策を。2.我が家の中でも特徴的な赤いカーペット敷きの階段。猫毛がつきやすいので、まずブラシでカーペットの中に入りこんだ猫毛をかきだしてから掃除機をかけます。7年愛用しているマキタのコードレス掃除機は軽くて機動力があるので欠かせません。

1

2

猫（♀）と暮らしています。名前はプリティーガールちゃん。自分をかわいいと思っていそうな動作がたまらない猫です。

在宅勤務で一緒に過ごす時間が長くなり「猫ってずっと寝てるんだ」ということに気づきました。朝食後、夕飯の時間までずっと寝ている気がします。うらやましいかぎり。

でも私がWEB会議を始めるとなぜか目覚めて。会議中の私の口を前脚でふさごうとしたり顔をなめようとしたりするんです。モニターには私のかわりに猫の後頭部やお尻が映ることも。会議の参加者はありがたいことに笑って見守ってくれています。お気に入りのこの家と大好きな猫。この平和な暮らしを続けられることが今の私の理想です。

食

EAT
Kyoko

ラク・おいしい・体にいいが一番。週一度の「ミートフリーマンデー」

在宅勤務生活でほぼ自炊の毎日。節約になるし、健康にいいとわかっているとはいえ3食手作りはなかなか大変。気づけば一日中洗いものに追われているなんてことも。そこで、無理せず自炊が続けられるよう調理は1日1回と決めています。盛りつけもワンプレートにして洗いものを少なく。お造りも海鮮丼にしてしまいます。おかげで、ストレスなく自炊生活を続けられています。

また、環境保護・健康維持のための「ミートフリーマンデー」の考えに共感して1週間に1日、肉を食べない日を意識的に設けています。よく作る定番メニューはソイミートを使ったカレー。ひき肉をさわるのが生理的に苦手という事情もありますが簡単でおいしいおすすめレシピです。

1

3

2

1. 自己流ソイミートカレーのレシピは簡単。しょうが・にんにく・冷蔵庫にある残りもの野菜を油で炒めて、水で戻したソイミートとトマト缶を追加。カレー粉やレッドペッパー、オレガノなどのスパイスは気分で。煮込み時間も通常のカレーに比べて短くて簡単です。ご飯は発芽玄米に黒米をブレンドしたものを。2. 出社するときには弁当を持参。わっぱの弁当箱のおかげで冷めたご飯もおいしく食べられるように。3. 朝食はフルーツグラノーラに牛乳と甘酒をかけて。国菊あまざけはすっきりとした甘さがお気に入り。

働

WORK
Kyoko

定年のないエンジニア職。仕事は年をとっても続けたい

「将来的に在宅勤務へシフトできたら」という希望は転職活動をしていた時期からぼんやりとありました。ハローワークで紹介してもらった今の会社はコロナ禍でその希望が叶ったこともあり、できるだけ長く勤めたいと思っています。

在宅勤務時の仕事場所は2階。和室で作業したり、猫がひざの上に乗っかって重たくなったら机に移動したり。そのとき、ラクな姿勢で仕事できるほうを選んでいます。

プライベートも仕事も家にずっといますが全然平気。むしろ便利で気に入っています。急な雨でも洗濯ものをとり込めるし、宅配便の受け取りもスムーズ。時間を有効活用できます。何よりの利点は猫の顔がいつでも見られて安心できることですね。

1

3

2

1.リモートワークにも使っているアンティーク風の机は中学生の頃からの愛用品。2.仕事中、かたわらには象印の保温水筒に入れたコーヒー。朝、粉から淹れています。在宅勤務になって明らかに消費量が増えたもののひとつ。3.休みには思い立ってひとり旅に出かけることも。昨年までは学生時代の友人との丹後半島旅行が夏の恒例でした。

最低限の備えはマスト。猫がいるので自宅避難を前提に

防

EMER-GENCY
Kyoko

1. 無印良品の懐中電灯は枕元に常備して手元の明かりとして普段から使用。電池切れもすぐに気づけます。2. カロリーメイト、アルファ米を非常食としてローリングストック。3. 非常用持ち出し袋には洗面セット、キャットフード、常備薬、汗拭きシート、現金、保険証のコピーなど。猫と一緒にすぐ避難できるようカートとキャリーはセットでスタンバイ。

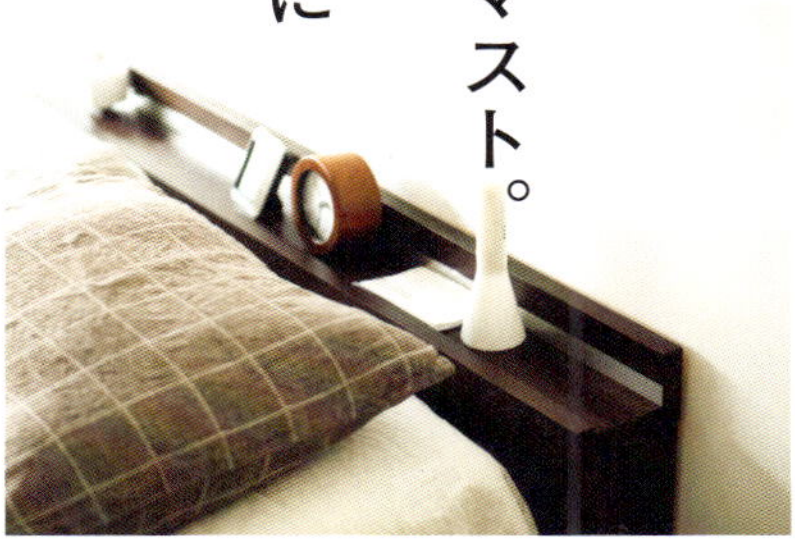

1

2

3

大切な猫との暮らし。自宅が倒壊しないかぎり避難場所への移動は避けたいと考えています。そのためにも自分と猫のトイレと食料、水などは最低限ストックするように。水はウォーターサーバー用に定期購入し、カロリーメイトは食べた分だけ買い足すようにしてローリングストックする方法です。日頃の生活で消費しながら備蓄しています。

日常生活で使わないカセットコンロとボンベ、10ℓ入り水容器、携帯用トイレは非常用に準備。家具をつっぱり棒で固定するなど、地震対策もしています。

我が家の場合最も怖いのは火事。築100年越えの町家かつそんな古い町家が密集する延焼しやすい地域。火の用心だけは徹底しています。

おうち時間をもっと楽しくハッピーに。整理収納で叶える心地いい暮らし

sakkoさん

“大人の一人暮らしコーディネーター”として、インスタグラムやWEBで情報を発信しています。

NEW NORMAL | 変わったこと、変わらないこと

使わないものを捨てて
備蓄品を置くスペースを作りました

外出自粛期間を利用して備蓄品を見直し。結果、トイレットペーパー、マスク、除菌商品をはじめレトルトなど日持ちのする食品などを追加購入。食品については必ず味見を。基本食べ慣れているもの、飲み慣れているものを選んでいます。

外出自粛中、ZoomやLINEなど
人とのつながりが心の支えに

Zoomで知人と話をしたり、家族や彼とLINEで連絡できたおかげで精神的に支えられました。ひとり時間はYouTubeのヨガで気分転換。B-lifeのMariko先生がお気に入り。学生時代は体操部だったので体を動かすことがけっこう好きなんです。

パソコンでの作業が増えたので
部屋にデスクコーナーを設置

整理収納アドバイザーとしてオンライン相談を始めたり記事執筆をする時間が増えたり。パソコンにふれる機会が多くなったので急きょ、楽天でデスク＆スツールセットとノートパソコンスタンドをお迎え。だいぶ快適な環境が整いました。

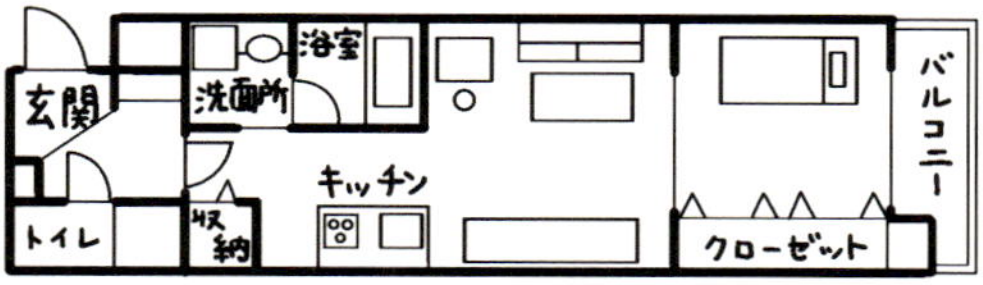

DATA

年齢：40代前半	1LDK（34㎡）
ひとり暮らし歴：12年	仕事：整理収納アドバイザー
住まい：賃貸マンション	インスタグラム　@white_room_3

4畳の寝室。壁や床に合わせラグもベッドカバーもホワイトで統一。ベッド下には靴下やタイツを収納して有効活用。

住

LIVING
sakko

白中心のインテリア。シンプルかつ清潔感にこだわっています

「収納スペースが多くて間取りも家具を置いたときに使いやすそう」。ひと目ぼれしたこの部屋に住んで6年がたちます。

床や扉もすべて白で汚れが目立つかもという点だけ躊躇していましたが住んで正解。ホワイトインテリアにまとめたこともあって部屋全体がぱっと明るく、開放感があって広く見えるところも気に入っています。

白い床のおかげでこまめに掃除する"小掃除習慣"も身につきました。手が届くところに掃除道具を置いておいて気になったときにささっと掃除を。頑張らない掃除なので「今度でいいや」がなくなるんです。

リラックスできる、帰りたくなる、幸せな気分になる。この部屋は私のための最高に心地いい空間です。

1. お気に入りのルームフレグランスやボディクリームは見せる収納。好きな香りを集めて自分だけの癒し空間に。円柱型のサイドテーブルはホワイトを選んで統一感を出しています。2. 天板がガラスのローテーブルにはカラーリングがかわいいコスメやフェイクフラワーを。シンプルなリビングの華やぎポイントに。

2

1

整

TIDY
sakko

ものは正直多いほう。
隠す収納で
すっきり解決

2

1

ビーカンパニーの伸縮できるテレビ台＋ボックス収納。1. アクセサリーはジュエリーボックスに。2. 小物整理は100円ショップの仕切りケースを使って。

定期的な持ちものの見直しで量を減らすことも大切ですが、これで今は心地よく過ごせています。多くても持ちすぎない暮らしという言葉が私には合っているのかも。収納はとり出しやすく戻しやすいを心がけています。

部屋をすっきり見せるために、ボックス収納をフル活用。ポイントはボックス自体がインテリアの一部になる「部屋になじむ色や素材」であること。収納場所や収納方法を決めてサイズを測り、最後に収納グッズを買っています。

また中身をぎゅうぎゅうに詰めこまないことも重要。ひと目で何がどこにあるかわかるよう8割程度に収める。これで探しものもなくなり時間に余裕が生まれました。

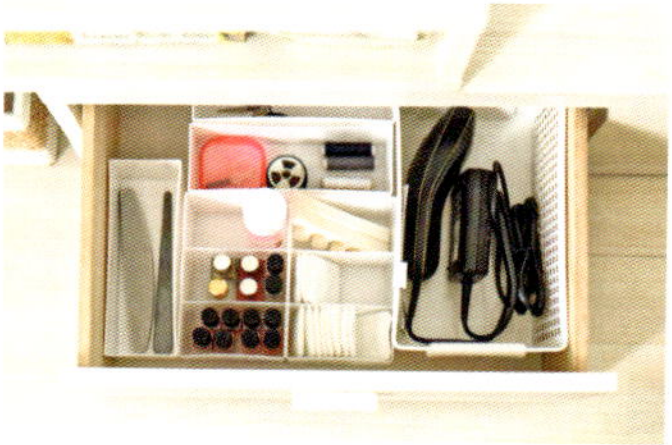
3

4

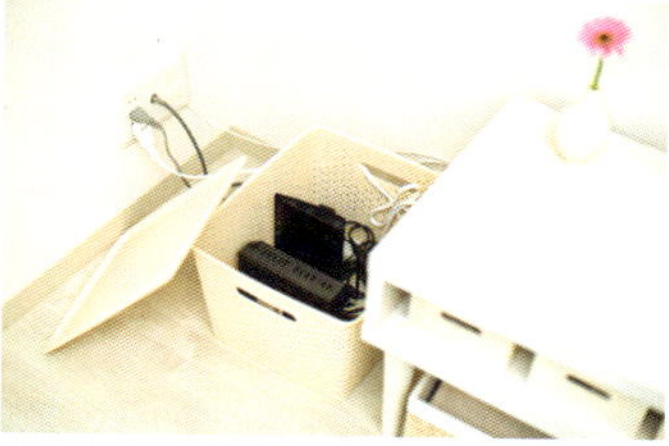
5

3. テレビ台下の引き出しにはネイルケアグッズや裁縫セットなどよく使う生活感が出そうなものを収納しています。4. フランフランのかごには薬と文房具を。5. ごちゃつきやすく部屋の雰囲気からも浮きそうなコード類やWi-Fiルーターはふたつきボックスに隠して収納。

整

TIDY
sakko

ここで完結、時短。忘れものも防ぐ朝の身支度コーナー

私、以前は朝の準備に時間がかかる人だったんです。「なんでだろう」と見直したときに外出に必要なものが部屋中あちこちに点在していることに気づきました。そこで生まれたのがこの身支度コーナー。1カ所にまとめるだけで驚くほど時短に。ものの定位置を決めておくことで、忘れものもしにくくなりました。

4

3

2

1

テレビ台上のジュエリーボックスから今日のアクセサリーを選んだら1.鏡を見ながらつけてそのままヘアミストをシュッ。2.たまに使うショップカードや病院セットはビニールケースから、本やノートセットはその日の気分でバッグにイン。3.必需品のハンカチやマスク。100円ショップのミニつっぱり棒で棚を作り、とり出しやすい工夫をしています。4.最後はイレギュラーな持ちものたち。モバイルバッテリーやサングラス、バッグサイズによって入れ替えする財布など。

4

1

2

5

3

自炊のしやすさを第一に。コンパクトに立てて用途別収納

ひとり暮らしにしては広めで気に入っているキッチン。料理はすごく好きというわけではありませんが、ほぼ毎日自炊しています。1.基本和食好き。定番の肉じゃがはよく作ります。2.3.調理道具・掃除用品・ビニール袋・調味料類etc.……と使用目的に分けて収納。フライパンはつっぱり棒やファイルスタンドでとり出しやすく。4.生活動線を確保できるスリムなキッチンワゴン。5.食器同士が干渉しないように仕切りつきのケースに収納。

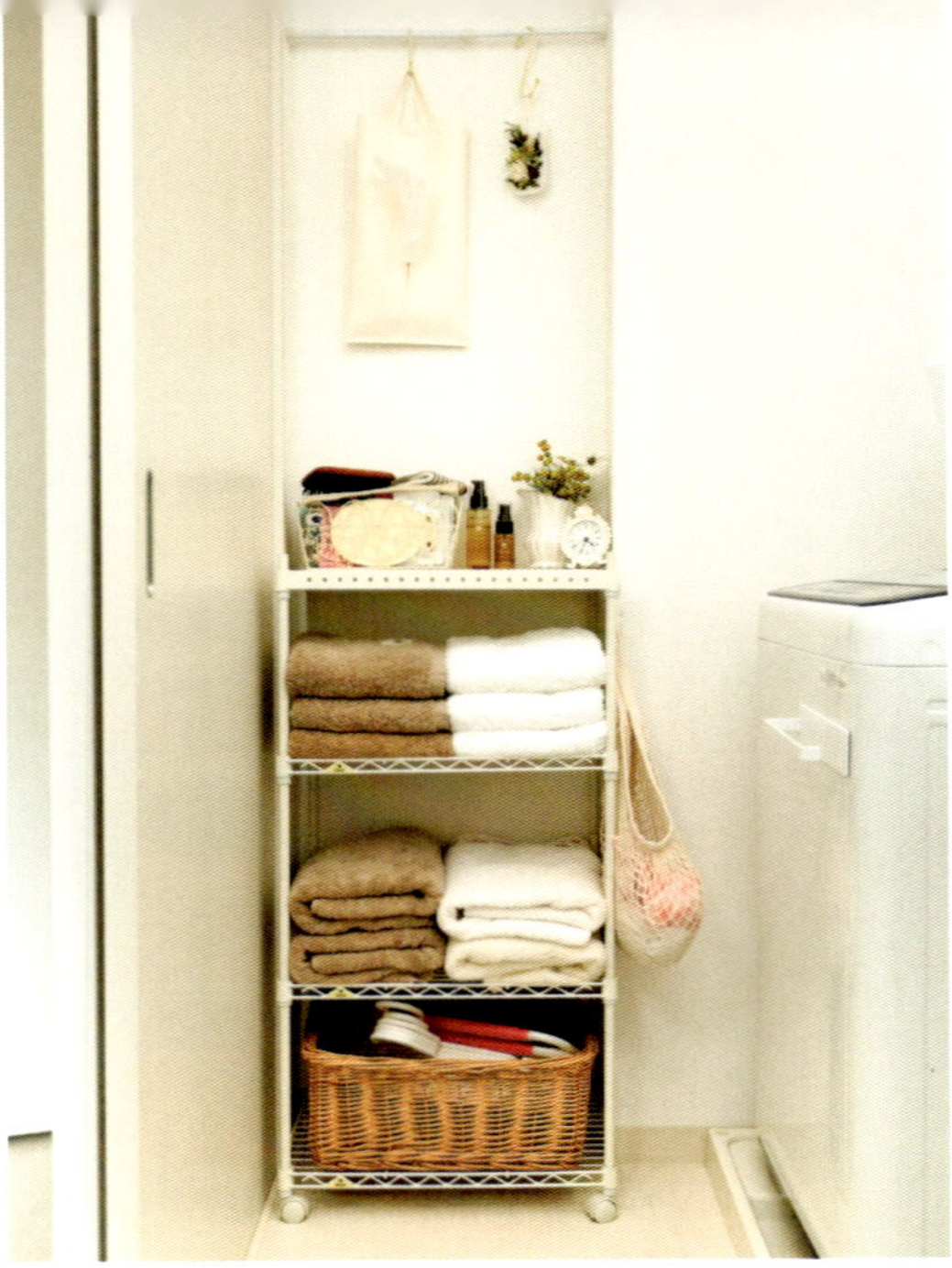

整

TIDY
sakko

色の数を絞る＆なじませて統一感。洗面所インテリア

タオルは白と茶の2色。色数を絞るだけで見た目が驚くほどすっきり。洗濯ネットやハンガーなど生活感が出がちな実用品はサイドの網バッグや下段のかごに隠して収納。ラックはコーナンで購入。ラックや小物類は壁や床の色になじませると奥行きが出て脱衣所が広く見えます。

2

1

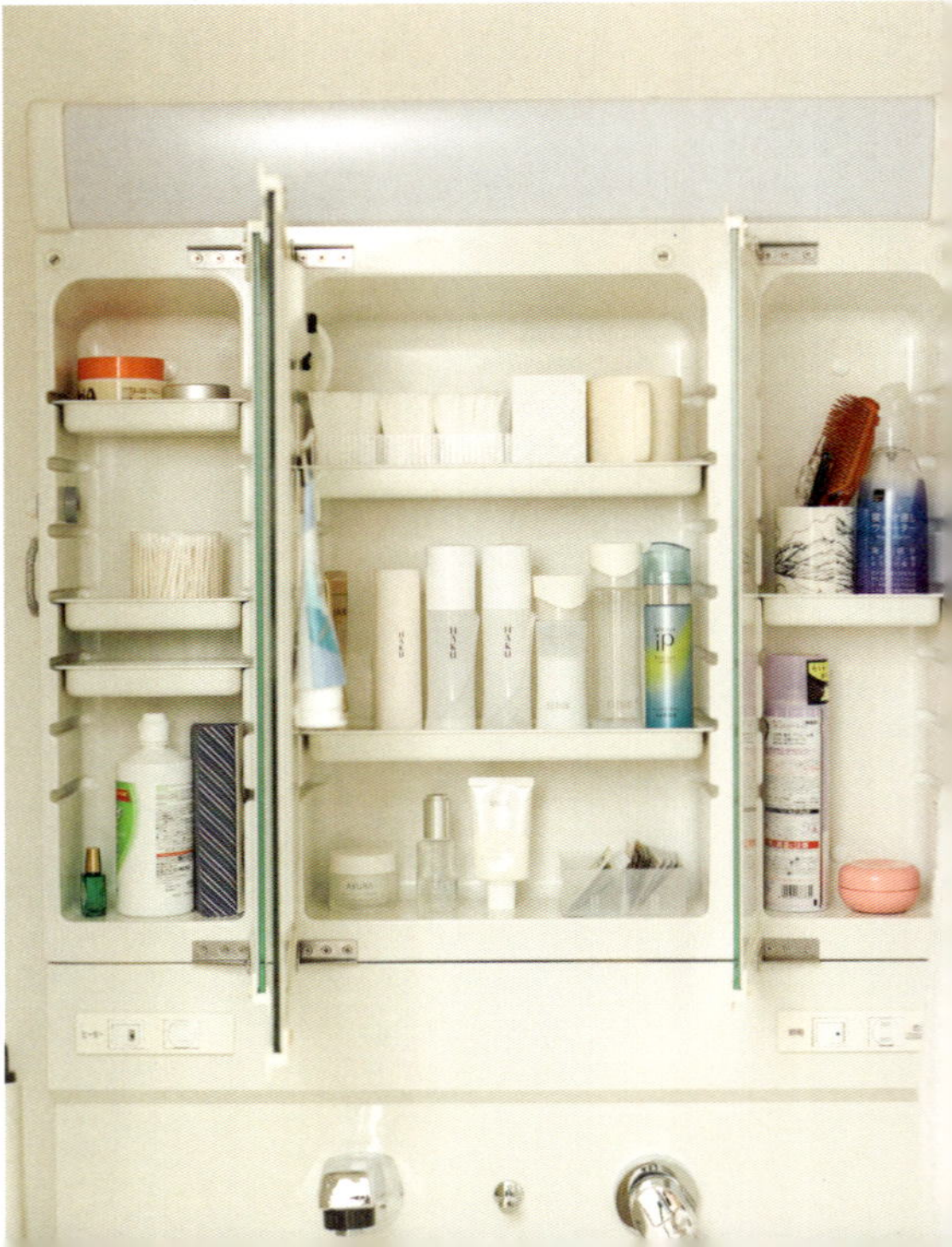

愛用中のスキンケアアイテムがメインの洗面鏡裏収納

1.美容はスキンケア重視派。「美容液類のコレクションを保管場所がないことであきらめたくない」と思い立ち、2.セリアの歯ブラシホルダーとフィルムフックで歯磨きグッズを浮かして収納。スペースをなんとか捻出することができました。

2

1

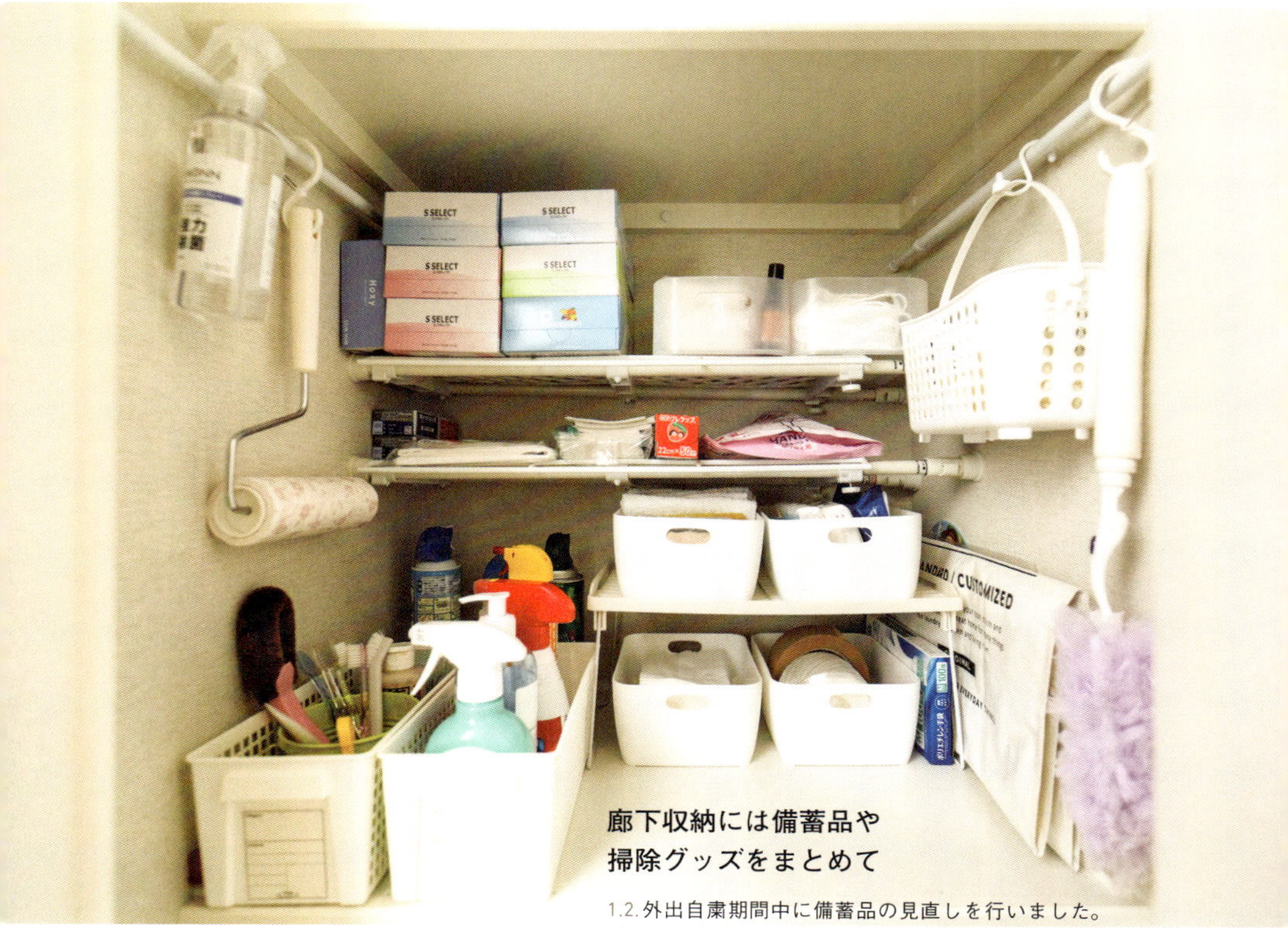

3

廊下収納には備蓄品や掃除グッズをまとめて

1.2. 外出自粛期間中に備蓄品の見直しを行いました。ずっと使わないものよりもこれから使う可能性があるものが基準。それまで使う機会のなかったミキサーなど不用品を捨てトイレットペーパーや水のストックスペースを拡大。3. 掃除道具はワンアクションでとり出しやすいようフックや収納ボックスを使って収納。

コーディネートがしやすいクローゼットでおしゃれをもっと楽しく

衣

CLOTHES
sakko

上段にはオフシーズンのアイテムを保管。ハンガー収納する服はアイテム別・色別に分類して「今日着る服」を選びやすく。吊るす服は長さごとにまとめることで下に引き出しを置くスペースが生まれます。

ミニマリストではないんです。もともと買い物が大好きで、実家では4畳の部屋をクローゼットに使っていたくらい。服に靴にバッグに文房具とものは比較的多いほう。それが、転職をきっかけに整理収納アドバイザーの資格を取ることに。そこで必要なものだけ持つことの大切さに気づかされました。服の整理に悩む時間や掃除、もの探しの手間がなくなって時間にゆとりができ、心も体もすごくラクになったんです。

好きなものを無理に減らす必要はないのかなと思います。好きなものを収納するスペースを確保するために、使わないものを捨てるという考え方。ものの量を人と比べてもライフスタイルや趣味によって人それぞれですよね。まずは自分にとってどのくらいのものが必要なのかを知ることが大切だと思っています。

1

3

2

4

1. 丈の長いワンピースはケユカのスラックス用ハンガーに半分に折ってかけています。下に置いたバッグもとり出しやすい。2. ハンガーはスリムですべりにくいケユカで統一。3. 引き出しの中はブックスタンドを使って立てて収納。4. 引っぱり出さないと全体像がつかみにくいインナー類はセリアの仕切り板を使ってひとつの引き出しに。キャミソール、ヒートテック、長袖、極暖など素材や袖の長さで分けて迷子を防止。

働

WORK
sakko

約12年のひとり暮らし経験をもとに整理収納アドバイザーとして活動中

ドレッサーをデスクがわりにしたワーキングスペースが在宅仕事の定位置。引き出しの前板は倒してサブテーブルにできるスグレもの。電卓を置いての作業もできて便利。

整理収納アドバイザーとルームスタイリストの資格を取り、"大人の一人暮らしコーディネーター"として活動しています。インスタグラムでは整理収納やインテリアを中心とした心地いい部屋づくりのコツを発信。15万人超のフォロワーさんに応援していただいています。

2020年3月にはファッション関係のバイヤーとして勤務した会社を退職しフリーランスに。「ものが多くて片づかない」「忙しくて散らかったまま」「おしゃれな部屋にしたい」……。そんな悩みや理想を抱く方々にきれいな部屋を維持するコツ、もの選びのポイント、必要なものだけに囲まれる心地いい空間など、私が実感した片づけ効果をお届けできたらいいなと思っています。

バーチカル手帳と
ものの住所決めで
乱れない仕組みを

手書きで予定を管理。仕事を青、プライベートはピンクで色分け。おっくうな水回りの掃除もスケジュールに組み込んでおけば忘れず、達成感も得られます。DMはシュレッダーとセットで保管、その他の紙類もとりあえずボックスへ。あとでやろうかなの紙類ためこみを防止。

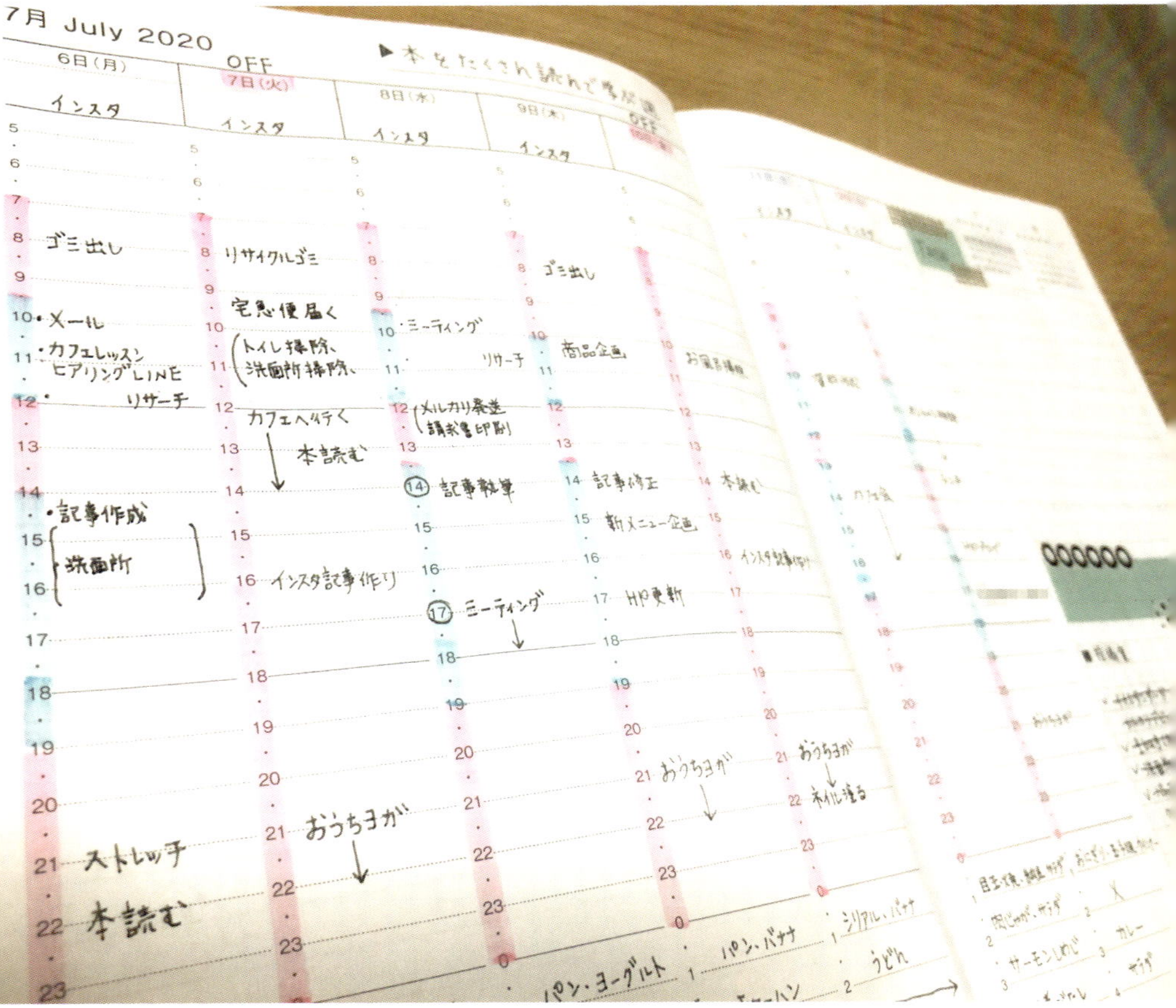

何より大切なのは愛犬との時間。心地いい空間づくりの試行錯誤も楽しい

まおさん

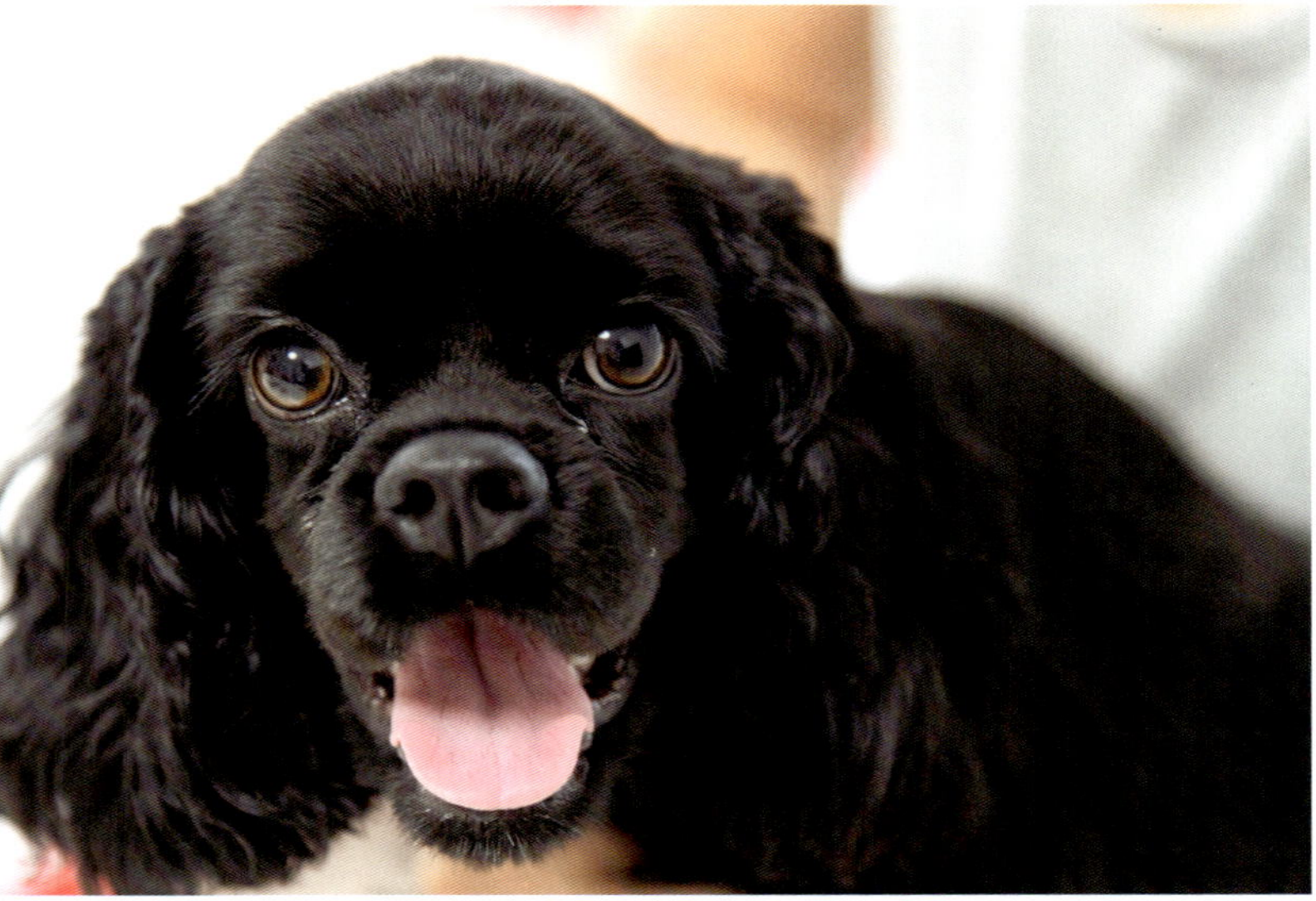

アメリカンコッカースパニエルのステラと暮らしています。動物の飾りや雑貨が好き。

NEW NORMAL　変わったこと、変わらないこと

家時間が増えて、より快適な空間にしたいと思う

この部屋に住み始めたときにリフォームもしたのですが、在宅時間が増え、心地いい住まいにしたいという気持ちが今まで以上に高まりました。掃除道具を充実させたりハンモックを買ったり。Amazonプライム会員にもなりました。

愛犬の存在に支えられました

自粛期間中、「一日誰とも会話しなかった」「声さえ出さなかった」とひとり暮らしの友人が嘆いていました。でも私にはステラがいてくれた！　言葉で返してくれなくても、コミュニケーションできる相手がそばにいるのはありがたいです。

ストック少なめだった紙類は、余裕を持って買うように

地震や台風など災害への備えはしていましたが、コロナ禍で備蓄の重要性が身に染みました。とくに「何かあると、紙類はなくなる！」と痛感し、余裕を持って買うように。その収納スペースを確保するため、持ちものを少し整理しました。

DATA

年齢：55歳

ひとり暮らし歴：22年

仕事：事務職

住まい：分譲マンション
1LDK（44.6㎡）

ブログ　「ジャスミン気分」
https://ameblo.jp/cocker-jasmine

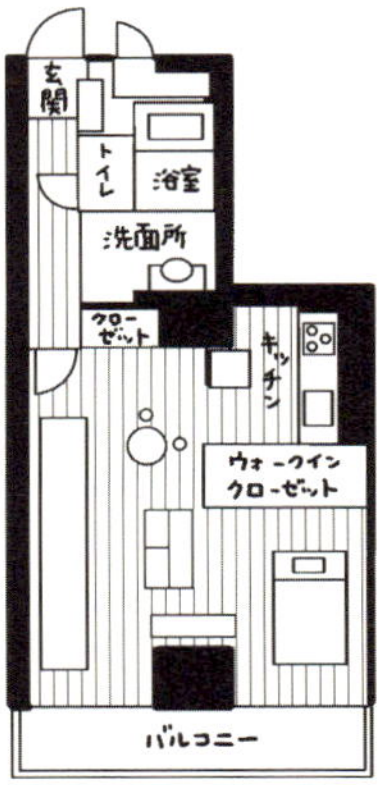

住

LIVING
Mao

築39年リノベ済み。収納を増設して家具は最低限に

1.ワインが大好き。ワイングラスは食器棚などに入れると場所をとるので、壁にホルダーをとりつけて収納しています。2.北欧旅行時にロイヤルコペンハーゲンのアウトレットで購入した犬のオブジェ。アメリカンコッカースパニエルのグッズはなかなかないので即買い。

人生の90%は犬のいる生活で、「犬と快適に過ごせること」が一番のこだわり。築39年になるこの部屋を購入したのも犬のためです。きっかけは東日本大震災でした。当時横浜で犬と暮らしていましたが、交通機関がストップしたため都内の勤務先から家に帰れず。幸い実家の母が犬を見てくれていたので、犬だけ部屋に残される事態は避けられました。でも「いざというとき、会社から徒歩で帰れる場所に住まなければ」と思ったのです。

会社から近く、最寄り駅から徒歩10分という条件で探しあてたのがこの部屋。リノベーション済みで室内はきれい。購入後に収納スペースをあちこちに増設したので、ものがあふれずすっきり暮らせています。

床の上にものがない状態が好き。愛犬の誤飲防止にも

居心地がいいのはものを隠す収納。片づけのコツを覚えるため整理収納アドバイザー2級の資格も取得。床の上にものを置かないのは犬の誤飲防止という意味も。

リビングスペースの隣に、日ざしがたっぷり入る寝室

ベッドメイクをして、犬の毛などをとるために布団に粘着クリーナーをかけるのが、毎朝の日課。干さなくても、たっぷりの日ざしで布団はふっかふかに。

収納方法は常にあれこれ考え、変えています

北欧のアウトレットで購入したロイヤルコペンハーゲンのお皿は立てて収納。手前は文房具を入れるケースで上は箸置き、下にはカトラリー類を入れています。

あまり使わない洗面所は物置として使用

洗面所は暗いため、メイクはベッド横のドレッサーでします。ここはあまり使わないスペースなので、洗剤のストックや掃除用品など、見せたくないものをあれこれ収納。折りジワがついてほしくない衣類や布類などをかけるため、つっぱり棒をつけました。

オーダーして
壁一面を収納スペースに

できるだけ家具を置きたくなかったので、壁一面を収納スペースにリフォーム。フラットな壁のように見せるため扉に取っ手はつけない、掃除機をかけやすいよう床に段差をつけないなど、細かくオーダー。衣類やペーパー類のストック、クリスマスツリーなど季節の飾りもの、冠婚葬祭用のバッグ、ペットのトイレシーツ、ワインやコンタクトレンズの買いおき、犬の保護団体の書類など、いろいろなものをかごや布製のボックスに分類して収納。

食

EAT
Mao

自炊はしないけれど青汁や豆乳など体にいいものは意識

1.ほぼ自炊しないこともあり、キッチングッズにこだわりはありません。よく使うものはさっととり出せるよう吊り下げる収納に。2.五十肩でつらい経験をしてから、日常生活の中で手を上げる動作をして予防しようと思い、フライパンなどはあえて高い位置に。3.歯ブラシ＆歯磨き粉もシンク上の吊り戸棚へ。

1

2

3

自炊はほとんどしません。たまに野菜炒めなど、簡単なものを作る程度。お総菜などを仕事帰りに買ってきて、ワインやビールなどのお酒とともに2時間ぐらいかけて自分のペースで楽しむのが普段の夕食スタイルです。

最近は栄養バランスが偏らないように気をつけています。年齢的なこともありますが、昨年の夏、脳梗塞を起こして2週間入院したのです。血圧や血糖値などまったく問題なかったのですが、炎天下、連日母校の野球の応援に行って脱水が進んでいたことが原因みたい。それからは青汁、豆乳、納豆、野菜、たんぱく質などを積極的にとっています。

犬がいると早く家に帰りたくなるので、外食はあまりしません。

衣

CLOTHES
Mao

長く使うものは質のいいものを。日常着はプチプラで

「こんな服あったんだ」。前はそんなことがよくありました。今は数を絞り、オールシーズンの服を把握できるよう心がけています。

コートやバッグなど長く使うものはブランド品などを選びますが、それ以外はプチプラ。制服がない職場で一日中同じ服を着ていると傷みが早いんです。だから楽天のセレクトショップやユニクロ、GUなどのリーズナブルなものを選んで、そのシーズンで着倒す感じ。試着ではよかったけれど動きにくいと思った服は、早めにリサイクルなどで手放します。

ブランド品はセールで購入。実店舗ではなかなか値引きされないバーバリーのコートなども、オンラインショップだとお得に買えました。

楽天のセレクトショップで買ったスカートなど。1枚ずつハンガーにかけて、ゆとりを持って収納しているので、どんな服があるか一目瞭然。

バッグは寝室にあるクローゼットの上の棚に並べて収納。コーチのバッグが好きで、セールやアウトレットなどを利用して入手しています。

美

BEAUTY
Mao

必要なものすべてが収まるコンパクトなドレッサー

1

2

1.大きな鏡のついたドレッサーは楽天で購入。色は白。部屋にあるものの色数を増やしすぎないのがすっきり見せるコツかも。写真に写っているリュックはステラを犬用の幼稚園に送迎するときに使います。2.鏡の裏側も収納スペース。見た目はコンパクトですが、たっぷり入ります。

明るい場所でメイクをしたいので、ドレッサーは日当たりのいい寝室スペースに置いています。このドレッサー、鏡の裏側にも収納できる優秀アイテム。皮膚科で処方してもらったクリーム（アトピー性皮膚炎なので）、資生堂やセザンヌのコスメや化粧道具など、必要なアイテムはすべてここに収まります。

　年齢的にそろそろ定期的なメンテナンスも必要かなと、昨年から月2回エステに通い始めました。実は会社から何に使ってもいいという福利厚生費が出るのです。それに自分のお金を足してのプチ贅沢。でも私にとってのエステは美容目的というより、他人にお手入れをしてもらう気持ちよさを味わう、リラックスするという意味が大きいかなと思います。

犬

DOG
Mao

ただそこにいてくれるだけで幸せ

1. 実家で飼っていた犬や、過去に里親が見つかるまで一時預かりをした犬たちの写真。フライングタイガーのフォトフレームに入れて。2. ステラを幼稚園に預けると写真を撮ってくれるので、アルバムにまとめています。3. ジャスミンの前に飼っていたゴールデンレトリバーのイヴ。私自身の責任で飼った初めてのコ、犬との暮らしの素晴らしさを教えてくれた存在です。フォトフレームはダイソーで購入。

1

2

3

コロナの影響で、友人たちとも前ほど会えなくなったので、余計にステラの存在をありがたく感じています。そういえば前に飼っていた犬、ジャスミンが亡くなったあと、家の中の空気が止まった感じがしました。朝目が覚めたとき、仕事から帰ったときなど、ふとした瞬間にその不在を大きく感じるのです。

生きものを飼うことには責任が伴い、お金もかかります。でも犬を通じた新しい出会いもあり、犬のいない暮らしは考えられません。

保護犬の里親になりたいという希望もありました。でもひとり暮らしの場合、何かあったときの保証人が必要など、いろいろハードルが高いので、10年ぐらい前から保護犬の里親探しのお手伝いをしています。

防

EMER-
GENCY
Mao

必要かなと思うものを自分で詰めた防災リュック

使っていないポーチに小分けしてから、リュックへ

1.ポーチの中（以下同）：手ぬぐい、スリッパ、マスク、軍手、割り箸、スプーン、ストロー。2.ポケットティッシュ、常備薬、使い捨てコンタクトレンズ、小銭。3.レジャーシート、緊急トイレ、現金、メモ帳、貯金通帳や保険証のコピー。4.油性のペン、モバイルバッテリー、はさみ。5.替えの下着（ソックス1足とパンツ2枚）とヘアキャップ。その他、非常食、ドッグフードなども準備しています。6.ハンドタオル。7.100円ショップで買ったミニ懐中電灯。

2

1. 食品は特別な防災食ではなく、日常生活で食べられるものを備蓄しています。2. きちんとふたができるポケットのついたベストは、いざというときに役立ちそう。ポケットの中にはマッチやライター、小銭を入れて準備し、就寝中などでもまごまごせず手にとれるように、ハンガーラックにかけています。

1

自分で必要だなと思うものを入れて防災リュックを作り、玄関に置いています。備蓄用の食品はローリングストック法で管理。カップ麺やレトルト食品など普段食べられるものを買って、生活の中で消費する。そして使った分だけ買い足して、ストック量を一定に保つというやり方です。

その他、カセットコンロとコンロ用のガスボンベ、ランタンも用意。水はウォーターサーバーを利用していますが、防災用としてさらにペットボトルの水も備えています。実際にそんな余裕があるのかどうかわからないけれど、服の上からはおれるように、ポケットがたくさんついたベストも購入。ベストはさっととれるよう、常にラックにかけています。

働

WORK
Mao

リモートワークが快適、今後のことは状況次第

1. 会社のパソコンを持ち帰って、仕事をする時間が増えました。仕事のおおまかな予定はアウトルックで管理して同僚や上司と共有、細かな作業予定はエクセルでスケジュール表を作っています。2. 会社のパソコンと自分のパソコン。3. 赤ワインのシミがとれなかった壁紙を花柄に変えて雰囲気チェンジ。

1

オンライン打ち合わせの背景は花柄

3

2

仕事は事務職でフルタイム勤務。65歳で定年なので早期退職もありかなと悩んでいます。去年病気をしたこともあり、「いつまで元気で動けるのか。会社や仕事にばかり時間をとられる生活でいいのかな」などと考えるようになったのです。

ただ、コロナの影響でリモートワークの日が増えました。そのせいでまた心が揺れています。

家では仕事がはかどらない、オン・オフの切り替えがうまくできないという人もいますが、私はパソコンを閉じれば即オフに切り替えられるので、ストレスはほぼゼロ。こんなふうに週の半分ぐらい家で仕事ができるのなら、定年まで働くのも悪くないかな。仕事については、今後の状況次第で決めようと思っています。

COLUMN

2

お気に入り調味料

こだわりの調味料から手軽に手に入るものまで。
おうちごはんに欠かせない調味料。

ちょっとだけ贅沢、ヒマラヤ岩塩

ひとり暮らしだと塩や砂糖など、量はあまり使わないですよね。だから「ちょっといいものを」と思って奮発したヒマラヤ岩塩。

t_cheeeee さん

味つけが1本で決まる広島のかき醤油

アサムラサキのかき醤油は、友人から教えてもらい大ファンに。出汁、砂糖、みりんなども入っているので照り焼きなどに活用。

麻里さん

味つけに重宝するめんつゆ

あまり料理をしない私にとっての万能調味料。卵焼きの隠し味にしたり、ゆでた鶏肉や豚しゃぶのたれ、冷ややっこにかけたり。

まおさん

酢屋亀本店のふき味噌と無印良品の醤油糀

ふき味噌は野菜につけて、醤油糀はお肉にもみこんで焼くだけ。おいしいのはもちろん手軽に発酵食品をとることができます。

ヤノミサエさん

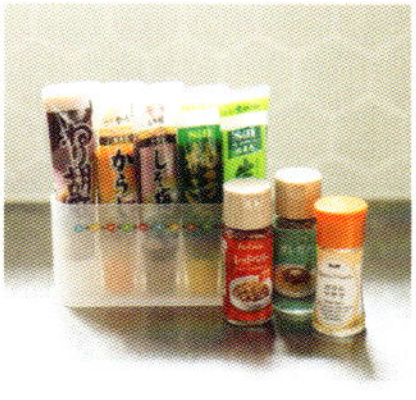

100円ショップの調味料いろいろ

調味料は早めに使いきれるサイズ感のものが多い100円ショップで調達。種類も豊富なのでついつい買い足したくなってしまいます。

京子さん

キユーピーのアンチョビーソース

グリルした野菜やチキンにかけるだけで本格的な料理にランクアップ。賞味期限までに消費できる小さめサイズも気に入っています。

ヤノミサエさん

背伸びをせず、ルールを作りすぎず。マイペースでコンパクトな暮らし

coyukiさん

リビングダイニング兼ワークスペース兼寝室。ここに写っているのが、私の持っている家具のすべてです。

NEW NORMAL	変わったこと、変わらないこと

コロナ禍でも、
暮らしそのものはあまり変わらず

片づけセミナーなど、外での仕事はすべて延期になりました。でもブログの更新は続けていたし、もともと家で過ごすのが好きなので、暮らしそのものに大きな変化はなかったかな。食料品のストックが少し増えたぐらいです。

自分を気にかけてくれる人たちの
ありがたさを実感しました

とはいえ、自分で思っていた以上に友人とのランチやショッピングなどが気分転換になっていたことに気づきました。また私のことを気にかけてLINEや電話で連絡をしてくれる人たちの存在を、あらためてありがたく感じました。

YouTubeやAmazonプライムを見て
たくさん刺激をもらいました

家時間が増えたのでYouTubeでいろいろな方の動画を見たり、Amazonプライムでドラマや映画を楽しんだり。YouTubeは意外と勉強になることを発見！　ドラマの影響で、筆ペンの練習も始めました。

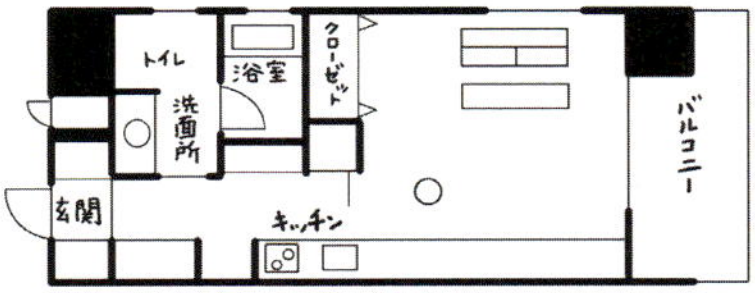

DATA

年齢：49歳	仕事：コンパクトライフプランナー
ひとり暮らし歴：3年	ブログ　「*Little Home*」
住まい：賃貸マンション	https://littlehome.blog.jp
1R（35.8㎡）	インスタグラム　@coy_uki

住

LIVING
coyuki

家時間が至福。来客仕様のワンルーム

娘の自立を機に47歳で人生初のひとり暮らしをスタート。狭いワンルームですが、家での時間はすべて至福。この部屋にいることが、とにかくうれしく、楽しいんです。

掃除はそんなに好きじゃないけれど、掃除をしたあとのきれいな空間は好き。だから掃除をしやすいよう床にはものを置かず、家具も最低限。それでも自分の好きなもの、必要なものはちゃんとここにあるのです。

日々の暮らしでのこだわりは、細かいルールを作りすぎず、マイペースで部屋を整えること。バランスのとれた心地いい空間をつくること。たとえ散らかっても、すぐに快適な状態に戻せる、コンパクトな暮らしって本当に便利です。

食べて、寝て、くつろいで、仕事

1.入居して初めて、こんなに長いカウンターテーブルがついていることを知りました。模様替えが好きなので、動かせないテーブルに最初は戸惑いましたが、今は大のお気に入り。2.STROLLのデイベッドは1年間貯金してオーダー。テーブルはKURASUでオーダー、無垢材の家具は自分でメンテナンスできるところが好き。3.一度他の照明に変えたけれど、「この部屋にはやっぱりこれ！」と復活させたunicoのペンダントライト。

をして、友人を招いて盛り上がったり、ときには仕事のお客さまを迎えたり。「ワンルームだとオン、オフの区別がつかない」「仕事用スペースとプライベート用スペースとをしっかり分けたい」と思う人もいるのかもしれません。

でも長いカウンターテーブルで仕事をして、ちょっと疲れたらソファでゴロンと休む。カウンターテーブルのパソコンの前から、ちょっと横に移動して昼ごはんや夜ごはんを食べる。ワンルームだからこそのそんな暮らし方が、今の私のお気に入り。「くつろぐ場所が仕事場でもある」「プライベートスペースだけど、ブログや来客などで人に見せる空間でもある」ことで生まれる適度な緊張感が、とても心地いいのです。

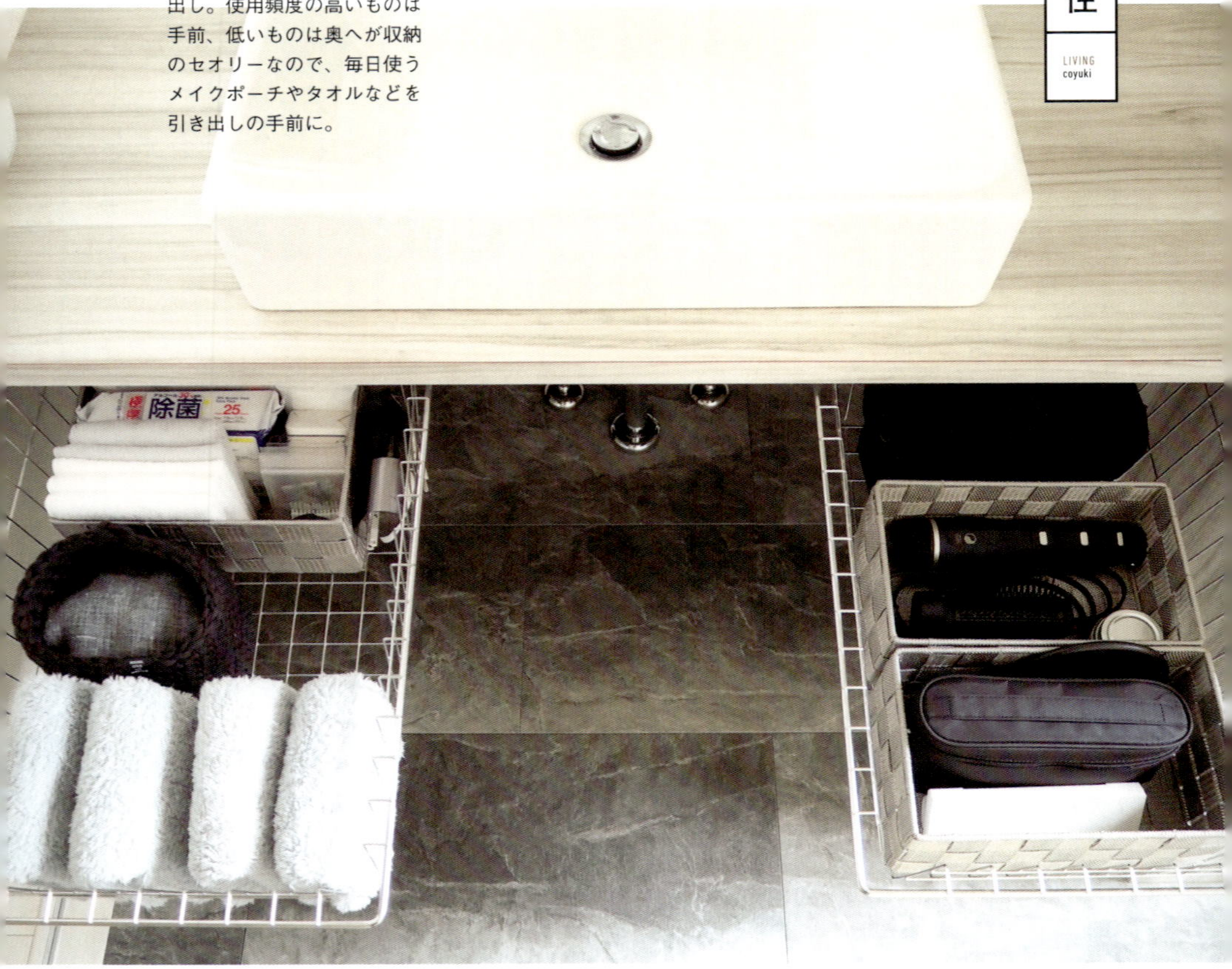

洗面台下にあるワイヤー引き出し。使用頻度の高いものは手前、低いものは奥へが収納のセオリーなので、毎日使うメイクポーチやタオルなどを引き出しの手前に。

住

LIVING
coyuki

ワンルームに住むにあたって持ちものをかなり整理し、数を減らしました。量を抑えると、持っているものを把握しやすいし、不要なものをためこんで暮らしを圧迫することもなく、とても快適です。

収納で心がけているのは、しまいこみすぎないこと。そして「扉を開ける」「フックに引っかける」など、なるべく少ないアクション数で出し入れできるようにすることです。

片づけは仕事でもあるのですが、大好きな趣味(?)であり、気分転換法でもあります。仕事で煮詰まったり、悩んで考えが前に進まなかったりしたときに片づけや掃除をすると、滞っていたものがすっと流れて、頭の中や心の中も自然とすっきり整理されてくるのです。

季節の変わり目に
見直しをする
クローゼット

そのシーズンに着る衣類がひと目で見渡せるクローゼット。骨格＆カラー診断を受けて、「自分と調和する服」の選び方がわかり、数も減らせました。

見た目も使い勝手も
満足度の高い
小さなキッチン

来客からもよく見える場所なので、なるべくものを置かずすっきりと。気分によって配置をよく変えますが、出しておくものは見栄えよく並べるように。

1

物

ITEM
coyuki

減ったり増えたりを繰り返しながら全体的には減少

「背伸びをせず、身の丈に合うものを、身の丈に合う量だけ持つ」。これも今の暮らしで大切にしていることです。ものの量は減ったり増えたりを繰り返しながら、全体的には少しずつ減っています。

いろいろな使い方ができるもの、自分でメンテナンスできるものが基本的には好き。値段も大事ですが、選ぶときは必ず「他の使いみちはあるかな」「自分でメンテナンスやリメイクできるかな」と考えています。

でもそのものが本当に役立つか、便利なのかは実際に使わないとわからないですよね。買い物の精度は徐々に上がっていて、前ほど失敗はしません。使ってストレスが大きいものはきれいな状態のうちに譲るなど、早めに手放すようにしています。

2

1.デイベッドは来客用の椅子であり、私のくつろぎ＆昼寝スペースであり、使おうと思えばゲスト用のベッドにも。ウォルナットのテーブルは自分でオイルを塗ってお手入れしたりできる点がお気に入り。2.赤、黒、青と3本のボールペンを持つより、1本で3色使える多色ボールペンを愛用しています。

お掃除グッズは
ダイソンの掃除機＆
フローリングワイパー

パーツをはずして洗うだけのダイソンの掃除機や、掃除道具自体のお手入れもラクなフローリングワイパーが好みです。

使わないときは
コンパクトにたためる
布ボックス

トイレットペーパーのストックやミシンなど、何を入れてもすっきり見えるふた＆取っ手つきの布ボックスは楽天で購入。使わないときは折りたたんで収納。

無印良品の
吊るせる収納・
小物ポケット

クローゼット内にある吊るせる収納・小物ポケット。ハンカチやティッシュ、薬などこまごまとしたものも見つけやすく、出し入れしやすく（右）。無印良品のアルミ直線ハンガーを引っかけて、靴下や下着などを（左）。

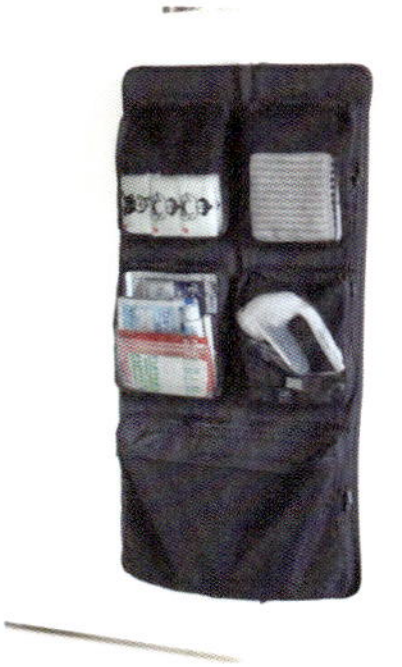

1

2

1. フリーランスで仕事をしているので、確定申告のための帳簿は必須。家計簿も兼ね、お金まわりのことはすべてエクセルで管理しています。2. 情報過多で不安になることも。「日曜日はテレビのニュースなどを見ない」と決め、映画や昔のドラマ、YouTube動画を楽しんでいます。3. コロナ禍の自粛期間中に興味を持った筆ペン習字。一文字一文字に集中していると、鬱々とした気分もいつのまにかすっきり。

3

働

WORK
coyuki

混乱している部屋と頭の中を交通整理して、苦手なところをお手伝い

「部屋を片づけたり、整えたりすることが苦手な人」のサポートをするのが、私の仕事。一般的には「整理収納アドバイザー」と呼ばれ、ライフスタイルに沿ったお片づけ提案する仕事です。

それをベースに私自身も、お客さまの混雑・混乱した部屋と頭の中を交通整理して、どうしたいと思っているのかを引き出し、その人が苦手なところをお手伝いしてきましたが、あらためて「コンパクトライフプランナー」という肩書に変えてみました。

これは自分の暮らしをよりコンパクトにしたいとワンルームでの暮らしを選んだこと、ものがあふれる実家の片づけで苦労したことなどの実体験プラス、これまで勉強してきた整理収納に関する知識やノウハウを生かし、今後どんな方向性で仕事をしていこうとしているかなど、今の私の思いが詰まった肩書です。肩書を変えたことで、仕事にこれからどんな変化があるのか、自分でも楽しみです。

「ひとり暮らし、しかもフリーランスで将来不安じゃない?」と心配されることもあります。でも何を不安に思っているかがわかれば、それをひとつずつつぶしていけばいいだけ。たとえばお金については、困ったときはどんな仕事でもできる自信があるので、あまり心配しすぎないようにしています。病気に関しては、いざというときにSOSを出せば近しい数人に連絡がいくiPhoneのアプリなどで備えています。

1

人

HUMAN
coyuki

ありのままでいると気の合う友人たちが自然に集まってくる

2

1. 40代後半になってから、無理も飾りもごまかしもない友人ばかりに。そんな友人たちを家に招いてのおしゃべりタイムも至福時間のひとつ。2. 部屋が狭いので、ベストな来客数は2人。お客さまの分プラス自分の分で、カップ、お皿、お箸やカトラリーなどはすべて3人分をそろえています。

「ものを整理すると、人間関係も自然に整理される」。そんな言葉を聞いたことがあるのですが、本当にそうだなと実感しています。

前は同窓会や食事会などの集まりには、なるべく参加していました。でも集まりによっては、自分の居場所がうまく見つけられず、ありのままの自分でいられないような感覚になることも……。そんな経験を繰り返して、人づきあいも生き方も無理しないことが大事だと気づきました。

何が自分にとってストレスになるのかがわかれば、ストレスを減らすのは意外と簡単です。たとえば自分が苦手な趣旨の集まりだったら「せっかく誘われたのだから」と無理をしなくてもいい。その会がいい、悪いではなく、その会に合う人もいれ

1. リフォームをした実家の2階は自然光がたっぷり入って広々。ここで片づけのセミナーをしたり、友人がピラティスの教室を開いたり。2. 友人とドライブで紅葉を見に出かけたときに撮った1枚。山、海、川……、地元の自然にふれると、日々の悩みごとがちっぽけに思えてきます。3. お気に入りのお店で友人とおしゃべり。そんな何げない時間に癒されます。昭和な雰囲気を満喫できるお店で、ぜんざいに入れるお餅を自分で焼いているところ。

2

1

3

ば合わない人もいる。自分には自分に合う会や場があると思えるようになりました。

　どんな自分でありたいかを考えて、そのように行動していると、それに共感したり認めてくれたりする人が自然に集まってくる。そんな感じで、今は自分の長所も短所も理解してくれる友人ばかり。だから人づきあいでのストレスはほぼゼロです。

　母を2年前に亡くしているので、家族は父と妹と娘ですが、みんないい関係。週に1回はひとり暮らしをする父の様子を見に実家へ行き、雑用をしつつおしゃべり。自立した娘は「菜の花がきれいだから、写真を撮りに行こう」などとよく誘ってくれて、つかず離れずのほどよい距離感を保てていると思います。

食

EAT
coyuki

体が軽くなる、ラクに動けるシンプル家ごはん

1

3

2

1.納豆やトーストなど、朝食はその日の体調や気分に合わせて。写真のようなシリアルで済ませることも。2.冷蔵庫の中には必要なものを必要なだけ。ひと目ですべてが見渡せるようにしておけば、食材をムダにすることもありません。3.冷凍室は仕切りを作り、立てて収納。

食事では「まごわやさしい」をとるように心がけていますが、「3食バランスよく食べています」と胸を張って言えるほど、きちんとした食生活ではありません。でもあまり体に悪いものは食べていないし、食べすぎることも最近はありません。

これは年齢のせいなのかもしれませんが、濃い味よりも薄い味のほうが体はラクなんですよ。グラタンなどちょっと手の込んだ料理を作って食べると、翌日なんとなく体が重かったり動きにくかったり。

だから自然と家ごはんはラクに作れて、胃や体にやさしいものが中心です。友人と外食することもあるので、凝った料理は外で食べる。それで食のバランスがとれているのかなって思います。

防

EMER-GENCY
coyuki

持ちすぎない暮らしだから備蓄が増えても問題なし

コロナ禍で増えたストック食品はIKEAのキャスターつきワゴンに収納。少しお菓子類が多めですが、これが我が家のリアルです。

地震や水害などの天災だけでなく、新型コロナウイルスのような感染症の流行など、何が起こるかわからない時代。万一のとき、自分の身はできるかぎり自分で守りたいから、備えは必須です。

リュックタイプの防災グッズセットを楽天で購入しましたが、ほかに1～2週間ぐらいは家で過ごせるように食料品も備蓄。コロナ禍で備蓄量は少し増え、その分の収納スペースが必要に。でも、もともと「自分に合った量しか、ものを持たない暮らし」をしていたおかげで、保管場所に困ることはありませんでした。「ものを持ちすぎないほうが、いろいろな状況に柔軟に対応できる」。コロナ禍の自粛期間中にそんなことをあらためて感じました。

ひとり暮らしを機に
郊外の戸建てから
都市型生活にシフト。
あえて小さな暮らしを
選びました

麻里さん

インテリアはアンテナを常に張っているから、セールに惑わされず目的に合うものを見つけられます。

NEW NORMAL | 変わったこと、変わらないこと

シンプルな思考で生き方も
ラクになるのが私の理想です

常にシンプルに考えて行動したいと思っています。いるもの、いらないものをよく考えて、部屋もできるだけいらないものは置かないように暮らしを整えています。この考え方はコロナ禍でも役に立ちました。

探し物をしない生活。
巣ごもり中も快適でした

収納は見た目の美しさより、探し物をしない暮らしを目的に考えています。小さな暮らしなのでインプットとアウトプットのバランスに気をつけて、ものが増えすぎないようにしています。

部屋に持ち込むものは、
こだわりを持って選ぶ

なんとなくものを持つのではなく、こだわりや理由を大事にものを選ぶようにしています。何にどう使うか、どこに置くのかなど、目的が明確なもの選びは暮らしがラクになる近道だと思っています。

DATA

年齢：50代前半

ひとり暮らし歴：2年

仕事：整理収納アドバイザー

住まい：賃貸マンション
1K（20.4㎡）

Instagram：@a___l__e_

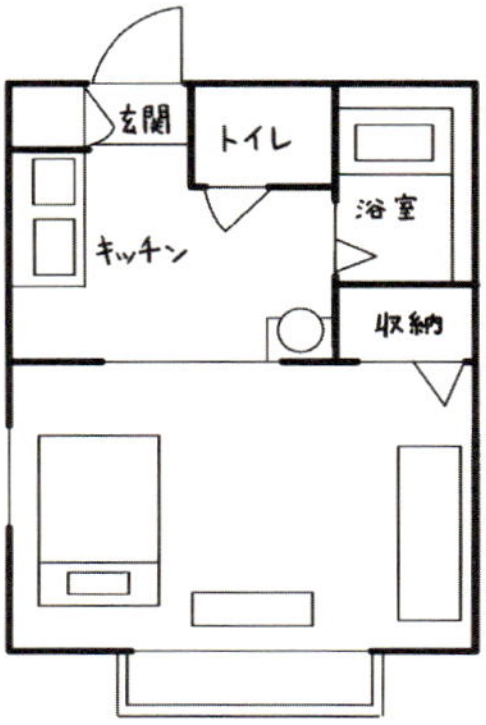

住

LIVING
Mari

自分のために使える空間と時間があるのは幸せ

1.広さはないけれど、日当たりのよさは抜群。好きなものが決まっているので、入居から2年ほとんど印象は変わっていません。2.息子が子どもの頃に授業で描いた絵をインテリアに。きちんと店で額装してもらいました。子どもの作品はインテリアとして飾れるかどうかを保存の基準にしています。3.無印良品のキャビネット上は、ノートパソコンやよく使うアクセサリー類、香水などを置く場所。ファイルボックスには読みかけの本が入っています。

以前は子育てに環境のいい郊外の戸建てで生活していましたが、ひとり暮らしを機に都内の人気駅に引っ越しました。

都内駅近を選んだ理由は交通の便がよく仕事がしやすいこと。この街は昔ながらの商店街や大型スーパー、おしゃれなカフェやパン屋さん、銀行や病院と何でもそろっていて快適な生活が送れています。お休みの日は素敵なカフェで自分時間を楽しんでいます。

住まいは戸建てから、6畳1Kと随分ミニマムになりました。小さな暮らしは初めてですが、気づきがたくさんありました。まず掃除のしやすさは一番の収穫！　そして持ちものの管理にも役立ちました。厳選して収納に収まる量だけ持つことを鉄則にしています。「いつか使うかも」「もったいない」などの理由でなんとなくものを持っていられるスペースがないので、常にものと向き合うクセがついてよかったです。「足るを知る」という気持ちも芽生えました。

大学生でひとり暮らしをしている息子とはとても仲良しで、映画やショッピングにもときどき出かけます。自炊も楽しんでくれているようで安心しています。

収納アイテムは規格が変わらずそろえやすい無印良品が多めです。家具や飾るものは木の風合いが好きで、色みは違ってもグラデーションを楽しんでいます。ウッドを中心にブラック、グレー、ネイビーをアクセントカラーに使っています。

1

3

2

3

ほぼ毎日使うマスクは、かごの中に収納。バリ島土産で、サイズぴったりです。しまうと出すのが面倒になるから今は出しっぱなしにしています。

2

文房具コーナー。ストックは替え芯のみで、よく使うものをざっくり入れるスタイル。引き出しの中まで美しさは不要です。

使うものは、使う場所に置く。これが基本ルールです

ベッド脇のスタッキングシェルフは無印良品。中央の板を抜いて使っています。テーブルからもベッドからも届く便利な位置です。プリンター、文房具、メイク用品、ティッシュなどを集約し、あまり動かずにとれるように。

ベッド下のかごには化粧品とドライヤーを

入浴後はベッドの前に座るので、最もとり出しやすい場所を定位置に。流れで使うアイテム一式を無印良品ラタンボックスに入れています。

1

無印良品のポリプロピレン収納ケース・引出式にこまごましたものを収納。一番上はメイク用品を入れています。ざっくり収納することで出し入れしやすく。

2

上段は使用頻度の低い器やカップを収納。下段のファイルボックスには仕事関連の書類が。減らしにくいものですが、入りきる量以上は持たないことを意識。

収納家具は無印良品で統一。書類などをまとめています

すっきり見せるため扉つきやボックス収納にしています。飾るものは厳選し、旅先で購入したウッドアートや子どもの作品くらい。花や植物は暮らしに欠かせません。ドライフラワーは近所のお気に入り店でいつも購入しています。

1 北海道・美瑛の喫茶店に飾ってあったRustic 貴妃花の木工アートにひと目ぼれ。店を訪ねて購入し、美瑛に行くたびに買い集めています。

4

マステ、電池、フック、ドライバーセットなどを収納。きれいに並べすぎることはめざしていませんが、ケースやトレーは必ずサイズぴったりのものを探します。

3

ピアスや時計、ネックレス類はキャビネットの上に置いていますが、引き出しの中は大きめのものをまとめて収納。コサージュやブローチが中心です。

この街に住んでから、野菜や果物は青果店、お肉は精肉店、魚は鮮魚店で買い物をするようになりました。昔ながらの商店街は季節が感じられて最高です。健康を考えて食事の基本は自炊。2～3日分を冷蔵庫で保存して食べきるようにしています。ぬか漬けなども自分で作って、体にいい発酵食品を意識して摂取するよう気をつけています。

器が大好きで作家さんのものもたくさん持っています。来客用にせず普段から使って家での食事も楽しんでいます。

毎日2、3杯は飲むコーヒー党です。引っ越しで一度は手放したコーヒー雑貨ですが、自粛期間中にミルを手に入れ豆から挽いて朝のコーヒー時間を楽しんでいます。

食

EAT
Mari

旬の野菜で作りおき。器やコーヒーにもこだわっています

地元・愛媛の砥部焼や、旅先の窯元で購入した一期一会の器たち。以前は食器棚2つ分持っていましたが、本当のお気に入りだけを持ってきました。

2
作りつけのステンレス棚には、キッチンばさみ、ピーラー、トングなど1軍の調理道具を引っかけ収納。木のボードはちょっとしたものを切るときに活用しています。

3

右下はニトリのラックで鍋やボウルを収納。左下はニトリのステンレス棚。上段にはよく使う器を、下段はゴミ袋などが入っています。白いボックスはIKEAのVARIERA。

1

吊り戸棚は手が届きにくいので、上段はスポンジなどのストックやあまり使わない水筒を。下段は吊り戸棚ストッカーに乾物やコーヒー、紅茶を収納。取っ手つきなので便利です。

コンロひとつの小さなキッチン。掃除はまめにしています

右端のカッティングボードと無印良品のトレーは星のナプキンホルダーに立てかけています。朝は5時に起きて豆から挽くコーヒーを楽しむのが日課。掃除は苦手なので、汚れをためないようキッチンはとくに小掃除を頑張っています。

好きで買うけれど、早く回転させて増えすぎないように

衣
CLOTHES
Mari

ファッションは好きなので、以前の住まいから今のクローゼットに収まる量に減らすのは大変でした。持ちものは収納スペース分だけ。増えすぎないよう、とくに気をつけています。

実はもう少し減らしたいと思っていて、見直しは頻繁に行っています。もう着ないけど捨てるにはもったいないという服はメルカリに出品。アクセサリーも欲しい人に譲って小さいものでもためこまないように。アウターはクローゼットを圧迫するため、今後は保管つきクリーニングの利用を検討中です。

最近は、オンラインショッピングも積極的に活用。送料無料や返品無料サービスがあるZARAなどをよく利用しています。

2

1

無類のジュエリー好き。1.若い頃に買い集めていた石と、祖母から受け継いだ翡翠を使って新たなリングにリメイク。ジュエリーデザイナーにオーダーしました。世界にひとつだけの宝物です。2.ピアスやネックレス、時計は無印良品の重なるアクリルケースに収納。2段×2セットが定量です。

衣替えはせず、オールシーズン吊るし収納です

コートからジャケット、ワンピ、薄手トップスまで1年分の服をかけています。丈が長いものを右側にまとめ、オンシーズンの服はとり出しやすい中央に配置。引き出しはニット、部屋着、肌着類のみです。上段にはIKEAのボックス、SKUBBを並べて。バッグ類を入れています。

健

HEALTH
Mari

趣味のテニスで体力づくり。教室に通っています

1. お気に入りのデニム地ラケットバッグはヘッドのもの。2. 体に必要な食材、合わない食材、運動の向き不向きなどを教えてくれる遺伝子検査を受けました。昔から苦手だった筋トレはやる必要がなく、体質的にランニングやテニスなど長時間の有酸素運動のほうが向いているとのこと。嗜好の答え合わせをしているようでした。

2

1

病気をしないことが一番ですが、年を重ねるにつれて清潔感を保つことも意識。メイクや身だしなみに気を配っています。

以前は週10回通っていた趣味のテニスを、ひとり暮らしが落ち着いてから再開。外出自粛中は部屋を整えていたおかげで快適に過ごせましたが、大好きなテニスができず運動不足になってしまったことが少しストレスでした。フォームローラーでストレッチをやる程度で、家で仕事をする時間も増えたためもう少し体を動かさなければと思っているところです。

夏からはテニススクールにも通い始めました。自宅から遠いコートにも行けるよう、自転車を買おうかと考えています。

働

WORK
Mari

義務や人間関係に縛られず好きな仕事をしています

4年ほど前に整理収納アドバイザーの資格を取得し、ひとり暮らしをきっかけに自営業として独立。今さら我慢して嫌いなことを仕事にはしたくない、という思いが強くありました。今は好きなこと、楽しいと思えることでお金を稼ぐことができているせいか、24時間ずっと仕事のことを考えています。仕事の行き帰りに市場調査や道行く人をチェックすることも日課です。

ステイホーム中は、オンラインミーティングなど家でできる仕事を。何があっても大丈夫なように普段から収入の柱をいくつか持つことが大切だと思っていましたが、コロナ禍でその思いはいっそう強くなっています。

1

2

1.今はグレージュの気分で、手帳や名刺入れの色をそろえています。限られた時間を効率的に管理できるよう、手帳にはTODOリストを作成。2.最近Zoomミーティングが増加。AmazonプライムやYouTubeの利用も増えたので、ポケットWi-Fiだけだったネット環境を見直そうか思案しています。

心も部屋も身軽に。
機嫌よく過ごすことを
めざしています

crispy-lifeさん

NEW NORMAL　変わったこと、変わらないこと

ストレスを感じる要素を知り、そうならないようコントロール

ストレスを感じているより、常に楽しく過ごすほうが暮らしの満足度は高くなります。そう気づいてからは、ストレスや怒りの原因になることをとり除いて常に機嫌よくいられるよう、自分でコントロール。自粛期間も平常心で過ごせました。

ものは少なく。いつも身軽でいたいです

片づけや収納を考えることが少し苦手なので、ものを増やさないことできれいな部屋を保つことができています。今持っているのは必要最低限。日用品以外のものを買いに行くということがほぼなく、これはコロナ禍の今も変わりません。

粗食をほぼ毎日自炊。健康維持に気を配っています

病気は予防できる部分も多いので、40歳からは健康診断を欠かさず受診。食にはとくに気を配り、晩酌はしますがほぼ毎日粗食です。野菜が好物なのも幸いしています。健康でいることは今の時代、最も大切なことだと改めて感じます。

DATA

年齢：40代後半

ひとり暮らし歴：20年

仕事：フリーランス

住まい：賃貸マンション
1LDK（45㎡）

ブログ「カリッとした毎日。」
https://crispy-life.com

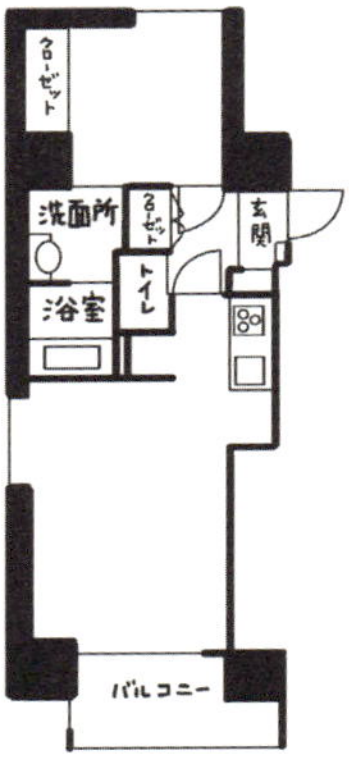

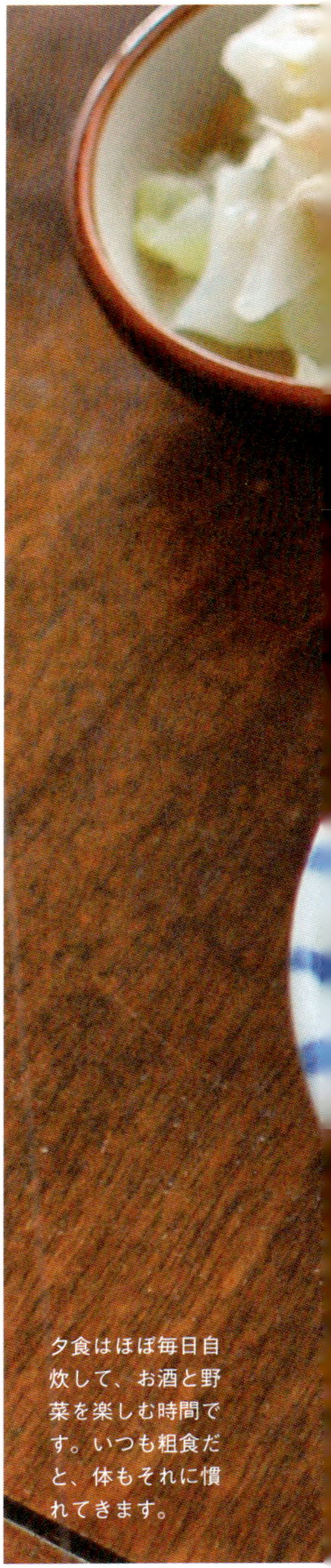

夕食はほぼ毎日自炊して、お酒と野菜を楽しむ時間です。いつも粗食だと、体もそれに慣れてきます。

住

LIVING
crispy-life

ものに縛られず生きていたい。携帯電話も解約しました

1. 散歩が好き。外に出て歩かない日はありません。2駅くらいの距離なら歩いて移動することも。2. 住む街に愛着を持てるかどうかは私のなかでかなり大きな要素。今の住まいは食材の買い物にも自然を感じるのにも便利な場所で気に入っています。

1

2

もともと買い物することが苦手で、ものは少ないほうでした。身軽でいたいと思うようになったのは、阪神淡路大震災がきっかけ。「持っていても全部なくなってしまうんだ」と実感したのです。7年ほど前に海外暮らしをしたとき、トランクルームに家財道具一式を預けてスーツケースひとつの生活を送ったことでさらにものが少なくなりました。帰国後、トランクルームの荷物はほぼ処分。本当に必要なものとそうでないものの判断基準がより明確になりました。

今では携帯電話も持っていません。iPhoneとパソコンがWi-Fiにつながっていればメールや SNSでこと足ります。

部屋の中が整っていることはもち

ろん大事ですが、住まいは環境も重要だと考えています。私は散歩が好きなので、自分が暮らす街自体に興味が持てるのかどうか、というのも住まい選びの大きなポイント。散策しながら商店街や酒屋を開拓していく過程を楽しんでいます。

マンションを購入したほうがいいかもと考えた時期もありました。でも大災害があったらどうするのか、経済的に維持できるのか。車も持たず、身軽に生きていきたいと考えている私には難しそうです。賃貸なので今の部屋に住み続けることはないですが、東京にも地元にも執着はありません。また海外に住むこともあるかもしれないと思っています。

食

EAT crispy-life

一食一食を大事に。ひとりでも毎回作っています

夕食メニューはほぼ固定化。メイン、汁もの、漬物、小鉢1～2品です。青菜は必ず毎日使うほど好きな食材です。キッチンに立つことが苦にならない、簡単な料理ばかり。自然とお酒に合う料理を選んでいるかもしれません。

食事は、簡単なものを自炊しています。ひとりだからなんでもいいや、だと毎日レトルトや総菜になってしまうので夕食くらいはひとり分でもきちんと。特別で手間のかかることはあまりしませんが、自分で自分をもてなすような感覚で、きれいな器にきれいに盛っています。

旬の野菜が大好きで、調理方法もいたってシンプル。メニューはあまり考えず、体がそのとき欲しているものを食べます。仕事の帰りに青果店に寄って、旬やお手頃の野菜を都度買うため冷蔵庫はいつもほぼ空っぽ。毎日買い物に行くスタイルなので、外出自粛中に買い物の頻度を減らすことには少し苦労しました。

1

1. 野菜が主役の食卓。健康のためということでなく、野菜が大好きなので毎日食べています。焼きカラーにんじん、たたききゅうりの梅和え、あやめ雪(小かぶ)のツナサラダ、白菜としょうがの鶏スープ。2. 調理法もいたってシンプル。なかでも塩は本当によく使います。いわしの塩焼き、ほうれん草のサラダ。いわしを焼いて塩をふるだけです。食べる直前にレモンをぎゅっとしぼって。簡単すぎる料理ですが、本当においしい。赤ワインが進みます。

2

ひとり飲みは自分や料理と対話する時間です

1

家でのひとり飲みは至福のとき。寂しいとか、退屈といった思いはいっさいなく、目の前の食事とお酒と向き合うのが楽しいです。お酒は高級でレアなものより日常つきあいができるものを。なんでも好きですが、ビール、日本酒、ワインをメインに楽しんでいます。

家飲みだからひとりなのではなく、ひとりで外に飲みに行くのも好き。ほどよくにぎわっている店内でひとりお酒と食事を楽しむのは、とても心地いいものです。私にとって晩酌は、自分と会話すること。散歩のついでにフラッと飲みに出かけることもしばしばです。

ただし量はたしなむ程度に。週1回の休肝日を設けて飲みすぎないようにしています。

2

1. ここ数年は、家で日本酒を楽しむ機会が増えました。今では気軽に作る家庭料理に最も合うお酒だと思っています。とはいえあれこれ同時に手を出さず、4合瓶1本飲みきってから次のお酒を購入します。2. ワインは料理に合わせて赤白、どちらがいいだろうと真剣に悩むのも楽しみのひとつです。

食

EAT
crispy-
life

食卓の印象を左右する器にはこだわっています

ひとり飲みスタイルが定着してまず酒器に興味を持ち始め、その後は買い替えの機会に少しずつそろえています。陶器市や専門店で購入した作家ものが大半。気に入った器にきちんと盛りつければ、質素なおかずでもおいしく感じます。

小型フライパンと片手鍋以外はほとんど使いません

日々の食事を準備する程度なら、この2つで充分。あれこれ持っていても結局使いこなせません。シンプル調理は材料を切るという作業に最も手間がかかるので、包丁だけはよく切れるGLOBALを長年愛用しています。

素材を生かした料理ばかりだから、調味料は最低限でOK

酸化が気になるので、できるかぎり小容量サイズを選択。よく使うのは塩、こしょう、下総醤油、有機三州味醂、富士酢、酒、かどやのごま油、太白胡麻油。とくに塩はシンプル料理の決め手になるので、ゲランドの粗塩を使っています。

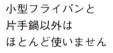

人

HUMAN crispy-life

友人とはつかず離れずの距離感でつきあっています

ひとりが気楽でも、たまの誘いに乗るチャレンジ精神は持ち続けていたいです。外出自粛中はオンライン飲みにも挑戦。考えていた以上に楽しめました。

基本的にひとりでいることが好きです。コロナ禍でも気持ちに大きな変化はなく、気ままなひとり暮らしを楽しんでいました。

交友関係はそれほど広くありません。職や居場所を転々としているため、友人とは切れたりつながったり。人間関係に関しては比較的ドライ。つかず離れず、カジュアルに距離をとってつきあっているのかもしれません。

今親しくしている友人たちは、みな40前後からの知り合い。飲みに行くことも多いですが、これはひとり飲みとは違って会話が主役。店で何かを食べるという行為は同じでも、ひとり飲みと友人たちとの食事はまったく別ものです。どちらも楽しんでいます。

働

WORK crispy-life

守るものがないから強くいられる。生涯現役が目標です

フリーランスになり13年。今は主に業務委託という形でさまざまな企業から依頼を受けて働いています。雇用保険や有給休暇、福利厚生はないけれど、何もないからこそ、失うものがなくて幸せです。私に守りたいものはそれほどありませんが、そのぶん心は軽く、強くなっていると感じています。

私のライフプランは、「生涯現役」。できるだけ健康でいられるように心がけ、死ぬまで働ける状態でいるのが目標です。だからジャンルにはこだわらず新しい仕事にもどんどん挑戦しています。ただ仕事量は心身に負担がかからない程度に。細く長く働きたいから、頑張りすぎてエンストしないように気をつけています。

コロナ以前は早朝にカフェで仕事していたけれど、今はほぼ自宅で。もともとオンラインで完結できる仕事も多く、家にいながら新規営業ができるようになったのは大きな変化です。

衣

CLOTHES
crispy-life

ワンパターンでもいい。今は毎日好きなコーデです

ファッション関係の仕事をしていたこともあるのでおしゃれは好きです。でも以前に比べると関心はずいぶん薄くなりました。40歳を過ぎた頃は「何を着たらいいんだろう」と迷走。いいブランドの服を買っても、好みや体型が変化するので一生ものはないのだと気づきました。今はようやく好きなタイプの服がわかってきたところ。ワンパターンではありますが、毎日好きな服を着られているので満足です。

今はVネックのトップスにストレートかテーパードパンツ、足元はフラットシューズやスニーカーが定番。トレンドにはこだわりませんが、体型をカバーしてくれるゆったりシルエットが時代にも今の自分の気分にも合っているような気がします。

下着や靴下を除き、新しい服を買わずに1年間手持ちだけで過ごした経験があります。やみくもに服を減らすやり方よりも、自分の好みとじっくり向き合って方向性を定めることができたと思っています。

備

STOCK
crispy-
life

備蓄や資産運用に加え、人に頼ることも必要だと感じています

将来は未定。友人とシェアするのも楽しいかもしれません

ものを持たず、身軽に生きることが私の核。継ぐべき実家もないため、この先家や車を所有することはありません。友人たちとは、老後にみんなでハウスシェアするのもいいかもしれないねと冗談半分で話しています。妄想でもこういうことが言い合える友人がいるのは幸せです。

友人と旅行することも。以前は同年代の女性4人で温泉やニューヨークを訪れました。日程や行動が制限されますが、新鮮で楽しめています。

病のときの備えを重視。SOSも躊躇せぬように

水や食料など災害時の備蓄はもちろんしていますが、スポーツドリンクの常備や近隣の病院を調べておくなど病気で動けなくなったときのための準備も必要だと実感。ひとりに慣れているからこそ、つらいときは友人に助けを求める心づもりもしておかねばならないなと思っています。

少額ずつ長期運用して将来に備えています

退職金がなく、公的年金はあまりもらえないものとして考えているため国内の株式や投資信託を長期運用して老後に備えています。コツコツと積み立てていましたが、コロナ禍で見直して投資額を少し増やしました。細く長く働き、収入も途切れないようにしておくつもりです。

アートディレクション：川村哲司（atmosphere ltd.）
デザイン：長谷川圭介（atmosphere ltd.）
撮影：布施鮎美
　　　黒澤俊宏、土屋哲朗、松木潤（以上主婦の友社）
取材・文：植田晴美、佐藤望美、山下優子
イラスト：フジノマ
編集担当：三橋祐子（主婦の友社）

自分《じぶん》らしく、ひとりで暮《く》らすということ

2020年11月30日　第1刷発行

編　者　主婦の友社
発行者　平野健一
発行所　株式会社主婦の友社
　　　　〒141-0021
　　　　東京都品川区上大崎3-1-1 目黒セントラルスクエア
　　　　☎03-5280-7537（編集）
　　　　☎03-5280-7551（販売）
印刷所　大日本印刷株式会社

ISBN 978-4-07-442353-8